Linda Reinelt-Gebauer
Der Pekingese

Herausgegeben unter dem Patronat
des Verbandes für das Deutsche
Hundewesen e.V., Dortmund

Linda Reinelt-Gebauer

Der Pekingese

Praktische Ratschläge
für Haltung, Pflege und Erziehung

4., neubearbeitete Auflage
Mit 42 Abbildungen, davon 19 farbig

Verlag Paul Parey · Hamburg

Weitere Bände in der Reihe „Dein Hund"

Der Afghane und andere orientalische Windhunde • Airedaleterrier • Der Basset • Der Beagle • Bearded Collie • Berner Sennenhunde • Bernhardiner • Der Bobtail • Bouvier des Flandres • Der Boxer • Der Bullterrier • Der Cairn Terrier • Cavalier-King-Charles-Spaniel • Der Chihuahua • Der Chow-Chow • Collie und Sheltie • Der Dackel • Der Dalmatiner • Der Deutsche Schäferhund • Der Dobermann • Die Dogge • Foxterrier • Golden und Labrador Retriever • Greyhound und andere Windhundrassen • Große Münsterländer • Der Hovawart • Jack-Russell-Terrier • Der Kromfohrländer • Der Leonberger • Der Malteser • Mischlingshunde • Der Mops • Neufundländer • Pinscher und Schnauzer • Der Pudel • Der Riesenschnauzer • Der Rottweiler • Schlittenhunde • Setter und Pointer • Der Shih-Tzu • Der Spaniel • Der Spitz • Terrier • Ungarische Hirtenhunde • West Highland White Terrier • Der Yorkshire Terrier • Dienst- und Gebrauchshunde • Erziehung und Ausbildung des Hundes • Dein Hund auf Ausstellungen

Die Kapitel „Ernährung" und „Gesundheit" wurden von Dr. med. vet. Peter Brehm verfaßt.

1. - 4. Tausend 1983
5. - 6. Tausend 1988
7. - 10. Tausend 1991 (Überarbeitung)
11. - 14. Tausend 1995 (Neubearbeitung)

Die Deutsche Bibliothek – CIP-Einheitsaufnahme
Der **Pekingese** : praktische Ratschläge für Haltung, Pflege und Erziehung/Linda Reinelt-Gebauer. [Die Kap. „Ernährung" und „Gesundheit" wurden von Peter Brehm verf.]. – 4., neubearb. Aufl., 11.-14. Tsd. – Hamburg ; Parey, 1995
(Dein Hund)
ISBN 3-490-07519-6
NE: Reinelt-Gebauer, Linda

© 1995 Paul Parey GmbH & Co. KG, Hamburg
Anschrift: Spitalerstraße 12, D-20095 Hamburg
Gesamtherstellung: Druck- + Verlagshaus Wienand, Köln
Umschlaggestaltung: Jürgen Meyer, Hamburg
Printed in Germany
ISBN 3-490-07519-6

Vorwort

Die Autorin, eine erfahrene Züchterin von Peking-Palast-Hunden, widmet sich in diesem Buch ebenso engagiert wie gewissenhaft allen mit der Haltung und Zucht dieser Rasse in Zusammenhang stehenden Fragen. Auch neuen Liebhabern, die sich zur Aufzucht dieser einmaligen, überaus liebenswerten Rasse entschlossen haben, möchte sie hiermit einen Leitfaden in die Hand geben.

Die Autorin weist eindeutig darauf hin, daß neben Entschluß und gutem Willen vor allem aber entsprechende Kenntnis der rassebedingten Eigenarten gehören – worin auch das Beschaffen und intensive Studium von Fachliteratur mit eingeschlossen sind. Bliebe noch zu erwähnen, daß bei der Zucht von Peking-Palast-Hunden auch die räumlichen Verhältnisse zu beachten sind, denn es handelt sich hier eben um einen „vornehmen Zimmerhund", der nicht nur der ständigen Nähe und Anwesenheit, sondern auch der Aufmerksamkeit seines Menschen bedarf. Weitere Hobbys, die den Peken nicht mit einschließen, lassen eine Zucht von Peking-Palast-Hunden nicht zu.

Linda Reinelt-Gebauer vermittelt, nun schon in vierter, neubearbeiteter Auflage ihres Buches, in verständlicher Form eine Fülle praktischer Hinweise. Nun liegt es an Ihnen, liebe Leserinnen und Leser, sie bei Ihren Überlegungen und Handlungen zu nutzen.

Hannover, im Sommer 1995
Charlotte Kasper

Bildnachweis

Titelbild und Seiten 61, 91
Roberto, Gronau

Seiten 10, 32, 42, 53
aus Rumer Godden „The Butterfly
Lions", Williams Clowes Sons
Limited, London

Seiten 12, 21
Cyntia Ashton-Cross, The
Wilderness, Berks, GB

Seiten 15, 19, 66
Irene und Herbert Hess,
Wüstenrot-Neulautern

Seite 23
Beart Easton, GB

Seiten 29, 47, 64
Ingrid Carstens, Hamburg

Seiten 30, 47
W. und L. Berger, D

Seiten 33, 34, 35, 36
Peter Hans Nengelken, Pulheim-
Stommeln

Scite 39
Charlotte Kasper, Hannover

Seite 49
Renate und Dieter Erlhoff, Dellstedt

Seiten 56, 59, 73, 80
Albert und Eva Häckl, Neuburg-
Joshofen

Seiten 69, 83, 87
Gabriele Runge, Reinbek

Seiten 85, 89
Vandella Williams und Adele
Summers, GB

Seite 92
Winterroth, D

(Seite 2: Int. Ch. Suntoy Benjamin
Trumps upp.)

Die übrigen Abbildungen stammen
von der Autorin.

Inhalt

Herkunft des Pekingesen

Die weltweite Verbreitung dieser Rasse begann im Jahr 1860, als britische Truppen den Kaiserpalast in Peking stürmten. Sie fanden dabei auch fünf „Löwenhunde" und nahmen sie mit. Diese fünf Pekingesen sollten die Ahnen der Rasse in der ganzen Welt werden. In China waren diese mutigen kleinen Tiere heilig. Sie wurden von speziellen Dienern bewacht, deren Aufgabe allein darin bestand, sie zu betreuen. Die Todesstrafe drohte den Dienern für den Fall, daß einer der königlichen Schützlinge zu Schaden kommen sollte.

Wie und wann der Pekingese ursprünglich entstand, ist eine Frage, auf die wir keine eindeutige Antwort haben. Eine alte Legende besagt, daß er der Abkömmling eines Löwen und eines Affen ist. Das ist natürlich nicht richtig, aber da diese Legende schon sehr alt ist, zeigt sie uns, daß man in China sich bereits vor langer Zeit Gedanken um die Entstehung des Pekingesen machte. Durch die Jahrhunderte hindurch finden wir Bemerkungen über den kleinen Löwenhund in früher chinesischer Literatur. Er ist oft auf chinesischem Porzellan und in Gemälden zu sehen. Die letzte Herrscherin des alten chinesischen Reiches war eine Frau: die Kaiserwitwe Tzu Hsi. Sie liebte diese kleinen Hunde, die deshalb geachtete Bewohner der kaiserlichen Residenz waren.

Obwohl die Chinesen keine schriftlichen Stammbäume führten, waren sie wählerisch bei der Zucht und besaßen die bemerkenswerte Fähigkeit, sich an die Ahnen eines Hundes über mehrere Generationen zu erinnern. Geradezu poetisch klingt, gemessen an unseren trocken formulierten Standards, was die Kaiserin Tzu Hsi über den Hund sagte, der heute als Pekingese (dies ist die richtige Schreibweise) bezeichnet wird:

„Der Löwenhund soll klein sein. Er soll einen bauschigen würdevollen Mantel um seinen Hals tragen, und über dem Rücken soll er eine bauschige Standarte des Pompes, den bauschigen Schweif, zeigen. Schwarz sei das Gesicht, die Brust zottig, die Stirn gerade und niedrig wie die eines kaiserlichen Harmonieboxers. Groß und leuchtend sollen die Augen sein. Die Ohren sind angesetzt wie die Segel einer Kriegsdschunke, die Nase gleicht der des Affengottes der Hindus. Die Vorderbeine sollen so gebogen sein, daß es ihn nicht nach weiten Wegen verlangt oder gar danach, den Kaiserpalast zu verlassen. Sein Körper sei geformt wie der eines jagenden

Löwen, der Beute sucht. Reich behaart seien die Füße, so daß seine Schritte geräuschlos sind. Und was die Rute, Standarte des Pompes, betrifft: Sie soll sich mit dem Wedel des tibetanischen Yaks messen können, der geschwenkt wird, um die kaiserliche Sänfte vor dem Angriff der fliegenden Insekten zu schützen.

Lebhaft soll er sein, damit er durch seine Spiele für Unterhaltung sorgen kann, scheu, damit er sich nicht selbst in Gefahr bringt, zahm, damit er in Freundschaft mit den anderen Tieren leben kann, auch den Fischen und Vögeln, die den Schutz des Palastes genießen.

Und nun die Farbe: Sie kann die des Löwen sein, ein goldenes Zobelfell, das im Ärmel eines gelben Kleides getragen werden kann. Sie kann die eines roten oder eines schwarzweißen Bären sein. Auch gestreift wie ein Drache kann er sein, damit es immer Hunde gibt, die zu den Kleidern der kaiserlichen Garderobe passen.

Er soll seine Ahnen verehren und an jedem neuen Mond Opfergaben im Hundefriedhof der verbotenen Stadt bringen. Er soll sich würdig verhalten, und er soll lernen, die ausländischen Teufel sofort zu beißen. Vornehm soll er bei der Ernährung sein, damit man

ihn am verwöhnten Geschmack als kaiserlichen Hund erkennt. Haifischflossen, Brachvogelleber, Wachtelbrust – damit darf er gefüttert werden, und zu trinken soll er einen Tee bekommen, der aus den Frühlingsknospen des Busches gekocht wird, der in der Provinz Hankow wächst. Oder die Milch der Antilopen, die in den kaiserlichen Parks grasen. Auf solche Weise soll er seine Eigenheit und seinen Stolz bewahren.

Wird er krank, dann soll er mit dem ausgekochten Fett aus dem Bein eines heiligen Leoparden gesalbt werden. Und als Getränk soll er den Saft des Rahmapfels bekommen – soviel, wie die Eierschale der Singdrossel faßt. Darin seien zuvor drei Prisen gehobeltes Horn vom Nashorn aufgelöst. Man trage scheckige Blutegel auf ihm auf und lasse ihn ruhen. Wenn er stirbt, so denke jeder daran: Auch du bist sterblich."

Die alten Pekingesen wurden so gezüchtet, daß sie unterschiedlich groß waren, genau wie heute. Es gab die bei den Damen beliebten winzigen Ärmelhunde sowie den größeren und robusteren Typ. Die Kaiserin liebte Farbe. Helle Schattierungen der Löwenhunde gefielen ihr besonders.

◀ Eine große Förderin und Liebhaberin der Pekingesenzucht in China:
Kaiserin Tzu Hsi

Entwicklung des Pekingesen in England

Von den fünf Pekingesen, die 1860 von China nach England gebracht wurden, waren vier Hündinnen und einer ein Rüde. Der rotbraune Rüde Schlorff, der 18 Jahre alt wurde, und die schwarzweiße Hündin Hytien wurden von Admiral Lord John Hayn nach England gebracht. Hytien schenkte er seiner Schwester, der Herzogin von Wellington. Zwei andere Hündinnen wurden der Herzogin von Richmond und Gordon von einem Cousin gegeben. Diese beiden Hündinnen waren die Begründer der welt-

Pekingesen aus der Zucht um die Jahrhundertwende. Oben: Champion Chu Erh of Alderbourne

berühmten Goodwood-Linie, die mit bemerkenswertem Erfolg von der Herzogin und später mehr als 30 Jahre lang von ihrer Schwester Lady Algernon Gordon-Lennox weitergezüchtet wurde. Der fünfte Original-Pekingese in England war die beige-weiß gescheckte Hündin Looty, ein Geschenk an Königin Victoria von General Dunne. Alle fünf Pekingesen waren von kleinerem Wuchs als die später aus China eingeführten Hunde.

1893 kaufte Loftus Allen als Kommandant auf einem Schiff im China-Handel den graubraunen Pekin Peter von einem Präparator in Schanghai und brachte ihn als Geschenk für seine Frau mit nach Hause. Im folgenden Jahr wurde Pekin Peter in Chester in einer Klasse mit der Bezeichnung „Jede Art bis 90 Pfund" als erster Pekingese in England ausgestellt. Er wurde Klassenerster und besiegte damit einen Chow-Chow, einen Samojeden und einen Skye-Terrier. Später verkaufte die Kapitänsgattin ihren Pekin Peter an eine Dame namens Kingston. Er wurde mit einer Goodwood-Hündin gepaart und damit der Großvater des zweiten Pekingesen-Champions der Rasse.

Zwei Jahre nach der Ankunft von Pekin Peter bekam Mrs. Loftus Allen schwarze Pekingesen: Pekin Prince, der acht Pfund wog, und die sechs Pfund schwere Hündin Pekin Princess. Kurz nachdem sie in England angekommen waren, warf Pekin Princess vier Welpen, unter ihnen die Hündin Pekin Pretty.

Im Jahr 1886 kaufte Mrs. Douglas Murray Ah Chum und Mimosa, ein berühmtes Paar, von einem Beamten des kaiserlichen Palastes. Beide waren rot und zu diesem Zeitpunkt knapp ein Jahr alt. Eine Anzahl von Goodwood-Zuchthündinnen wurde von Ah Chum gedeckt, eine von ihnen brachte den ersten Pekingesen-Champion der Welt – Goodwood Lo – hervor.

George Brown, der als Vizekonsul lange Jahre in China war, brachte mehrere Hunde nach England mit. Darunter waren Li Tzu, der Mrs. Carnegie gehörte und 1907 ausgestellt wurde, außerdem Lara und der reinweiße Zinn, ein Hochzeitsgeschenk für Lord und Lady John Hay im Jahr 1876. Der schwarzbraune Foo wurde nach dem frühen Tod von Zinn als Ersatz geschickt. Zwei weitere Hunde führte Admiral Sir William Dowell 1885 nach England ein. Die gescheckte Hündin Fantails, Tochter der von George Brown im Palast gezüchteten Hündin Mu Kwa, kam 1889 nach England. Fantails war ein Geschenk von Kommandant Gamble an Mrs. Browning, die mit ihr die Brackley-Linie gründete. Mit dieser Linie wurden erstmals in England Hunde mit kurzen Gesichtern gezüchtet. 1899 machte der Minister Li Hung Chan den Rüden Chang und die Hündin Lady Li dem Major Heuston zum Geschenk. Mit diesen

Hunden wurde der berühmte Zwinger Greyston begründet, von dem viele englische und amerikanische Champions abstammen. Im Jahr 1900 kamen der dunkelrote Rüde Glenbrane Boxer und die Hündin Quama nach England, beide von Major Gwynne eingeführt. Sie waren die letzten Palasthunde, die nach England gebracht wurden. Um 1897 wurde der Manchu-Zwinger gegründet, kurz danach Alderbourne und Broadoak. Von diesen drei existierte bis 1980 der Alderbourne-Zwinger, der 75 Jahre lang von Cynthia Ashton Cross, der Tochter der Gründerin, geführt wurde.

Der englische Kennel Klub erkannte die Rasse im Jahr 1898 an. Ein Standard wurde vom Verein für japanische Spaniels entworfen. 1904 fand die Eröffnungsversammlung der Pekingesen-Klubs statt, nachdem Mrs. Loftus Allen die Trennung vorgeschlagen hatte: Die Vereine für den japanischen Spaniel und den Pekingesen wurden selbständige Organisationen.

Mrs. Ashton Cross gründete mit Unterstützung von Lady Algernon Gordon-Lennox den Peking-Palasthundverein, der eine Gewichtsbeschränkung auf zehn Pfund vorschrieb. 1889 richtete der Damen-Hundezucht-Verein (The Ladies Kennel Association) für seine Ausstellungen Sonderklassen für die Pekingesen ein, die man vorher in die Klasse „Al-le Arten" abgeschoben hatte. Pekin Pretty wurde Erste, ihr Vater Pekin Prince Zweiter in der Offenen Klasse. Ah Chum und Mimosa belegten den ersten und zweiten Platz in der Anfängerklasse.

Die Aquariumschau (The Aquarium Show) richtete 1889 elf Klassen für Pekingesen ein, hatte aber nur eine Meldung: Pekin Pretty. Auch die Cruft nahm sich im Jahr 1900 erstmals des Pekingesen an. Diese Ausstellung wurde 1891 von Charles Cruft, einem Kaufmann und Kynologen, ins Leben gerufen. Bis heute ist die Cruft Dog Show, die alljährlich stattfindet, einzigartig. 1977 wurden nahezu 10 000 Hunde auf dieser Ausstellung in London gezählt. (Diese wie viele andere bedeutende Schauen sind in dem Buch „Dein Hund auf Ausstellungen" beschrieben, das gleichfalls in der Reihe „Dein Hund" erschienen ist.) Die Cruft gab den Pekingesen zur Jahrhundertwende eine eigene Klassifikation. Doch wieder nahm nur ein Hund – Pekin Yen – an der Ausstellung teil.

Der Sutherland-Avenue-Zwinger wurde 1904 von Frances Mary Weaver gegründet. Sie kaufte die Hündin Manchu Wei Wei von Mrs. Mac Ewan und ließ Wei Wei von dem Rüden Manchu Tao (Vater: Goodwood Chun, Mutter: Gia Gia) decken. Es gab folgenden Wurf: fünf Welpen, darunter Champion Chu Erh of Alderbourne und Sutherland Avenue Quen

Deutscher und Internationaler Champion Nagoya of Tsin-ling-schan

Teu Tang, zwei der größten Zuchttiere in der Geschichte der Rasse. Chu Erh ging zusammen mit seiner Wurfschwester an Mrs. Ashton Cross, während Mrs. Weaver, die sich bereits entschieden hatte, keine Ausstellerin zu werden, Quen Teu Tang behielt, da sie der Meinung war, daß er als Zuchttier mehr zu bieten habe als Chu Erh, der ein Spitzenschauhund ersten Ranges war. Ein bedeutender früher Pekingese war auch Champion Winnworth Chin Chin, der erste Ärmelpekingese, der in England mit diesem Titel geehrt wurde. Besitzer dieses Hundes war Lady Hunloke.

Andere unvergeßliche Namen in der Geschichte der englischen Zucht tragen die Hündin Champion Kin Wua und ihr berühmter Sohn Champion Broadoak Beetle, beide black-and-tan, also reinschwarz mit braunen Abzeichen, im Besitz von Mrs. Sealy Clark. Kin Wua war eine Tochter von Pekin Peri, während der Deckrüde von Beetle, Roydom Ah Sahib, ein Enkelsohn des berühmten Champions Goodwood Lo war. Beetle hatte einen herrlichen Kopf mit einem breiten, flachen Schädel, schönen großen Augen und den begehrten breiten Nüstern. Man sagt, daß er in gleicher Weise hervorragend in der Zucht und in seinem gesundheitlichen Zustand war. Er war Vater des herrlichen Champions Kotzu of Burderop, Gewinner

15

von 20 oder mehr CC. Ich vermute, daß Kotzu der erste seiner Rasse war, der solche Auszeichnungen erhielt. Champion Lyncroft Chops war ein weiterer gewinnender Sohn von Beetle. Champion Kotzu of Burderop zeugte den großen Tsa Pam of Chinatown, dessen Mutter China Confucia war. Einige der bekanntesten Nachkommen von Tsan Pam waren Champion Quen Chu Tsan von Thorpe, Champion Yuan of Hartlebury, Fun Yeng Shang und Champion Wun Dha of Chinatown. Diese Hunde waren alle hervorragende Zuchttiere, die im Stammbaum jedes modernen siegreichen Pekingesen zu finden sind.

Champion Chu Erh of Alderbourne war ein erfolgreicher Schauhund und prägte die Alderbourne-Linie mit seinem Stil und einem perfekten Körper, mit seinem Talent, sich in Szene zu setzen, und der ausgezeichneten Art, seine Rute zu halten. Er war ein roter Rüde mit einem üppigen Fell, kurzen, gebogenen Beinen und der typischen rollenden Bewegung des Pekingesen. Seine Nase war kurz, breit und schön angesetzt, sein Kopf groß und viereckig.

Sutherland Avenue Quen Teu Tang war vom Typ her männlicher, mit einem wohlproportionierten Kopf, mit dem idealen breiten und geraden Unterkiefer. Dazu kamen große dunkle Augen, ein weiteres begehrtes Merkmal, das er an seine Nachkommen vererbte. Champion Chinky Chog und Champion Kotzu of Burderop wurden zur gleichen Zeit gezeigt, wobei die beiden herrlichen Hunde für aufregende Konkurrenz auf vielen Ausstellungen sorgten. Bemerkenswert ist, daß Chinky Chog in Indien von aus China eingeführten Hunden gezüchtet wurde. Er war ein großer, graubrauner Rüde mit hervorragender Vorderhand und bester Felltextur. Kenntnisreiche Pekingesen-Liebhaber hielten ihn für die beste Verkörperung des Typs der früheren Pekingesen. Da er auch in der Zucht eingekreuzt wurde, hatte er einen vorteilhaften Einfluß auf die Rasse in England.

Weitere unvergeßliche Namen für Pekingesen-Historiker sind die der Champions Nanking Wen Chu, Chuty of Alderbourne, Brackley Biondina, Choo Tai of Egham, Chu Erh Tu of Alderbourne und Yen Chu of Newnham. 1920 wurde Tai Yang of Newnham geboren, Sohn von Tai Coo of Alderbourne und Chuty of Alderbourne als Mutter.

Tai Yang gewann 40 CCs, er war ein perfekter Schauhund, ein Zuchtrüde par excellence und ein Pekingese, bei dem es schwer war, irgendeinen Fehler zu finden.

Die Hündin Mah Jong Mae Ling und ihr Sohn Wee Bo Bo of Lin-Pearl

Die ersten Pekingesen in Deutschland

Es ist äußerst schwierig, Material über die ersten Pekingesen in Deutschland zu finden. Es gibt so gut wie nichts an Literatur aus der damaligen Zeit, und Zuchtbücher sind wohl in den Wirren der Kriegszeit verlorengegangen. Ich fand leider nur einen kurzen Absatz in dem Buch „Der vornehme Zimmerhund" von Paula Müller-Probster, in dem sie schreibt: „Wir fragen, wann eigentlich die ersten Pekingesen nach Deutschland kamen? Sicher ist, daß einige Offiziere, die während des Boxeraufstandes in China waren, sich ‚Hunde der verbotenen Stadt' mitbrachten, wie allgemein die Pekingesen genannt wurden. Von diesen Tieren erreichten aber nur wenige ihre neue Heimat, auch die beiden Hunde meines Mannes gingen auf der Überfahrt im Roten Meer ein."

Einer dieser Hunde, eine Hündin namens Chi Chi, kam in den Besitz von Inez M. Höhne, deren Verdienste um die Einführung und die Zucht der Pekingesen in Deutschland unvergessen bleiben. 1902 brachte Ihre Königliche Hoheit Prinzessin Ruprecht von Bayern eine schwarze Pekingesenhündin von einer Reise aus Ostasien mit. Gern hätte die Prinzessin von Bayern gezüchtet, doch alle Bemühungen, einen passenden und möglichst kleinen Rüden zu finden, waren erfolglos. Vielleicht war es gut so, denn Fu war eine ausgesprochene Sleeve-Hündin (Zwergpekingese), die eine Geburt kaum überstanden hätte.

Im ersten Zuchtbuch des Zwerghundeklubs, das im Mai 1910 erschien, finden wir acht Eintragungen über Pekingesen. In diesem Zuchtbuch stoßen wir auch auf Hunde von Mrs. Ashton Cross, die einer in Dresden lebenden Engländerin gehörten. Wie unglaublich schnell die Pekingesenzucht in Deutschland an Boden gewann, ist mittlerweile bekannt, obwohl Rudolf Löns in seinem Buch „Hunde Sport-Zucht" über den Pekingesen noch 1921 schrieb: „Da solche Sensationen in Deutschland keinen so günstigen Nährboden finden, so kann man dem Schoßhund der Manchu-Herrscher keine große Zukunft bei uns prophezeien." Keine Rasse hat sich in der kurzen Zeit so durchgesetzt wie der Pekingese. Er ist bestaunter Mittelpunkt auf unseren Ausstellungen geworden.

Bekannte Zwinger in Deutschland waren „von Fleming" und „Drago Ming". Es ist bedauerlich, daß es kein Material (Bücher, Zeitschriften) aus dieser Zeit gibt. Selbst der Internationale Klub für Japan-Chin, Peking-

Deutscher und Internationaler Champion Feodora of Tsin-ling-schan

Palasthunde und Toy-Spaniel e.V., der in Deutschland seit 60 Jahren den Pekingesen mitbetreut, hat keine Unterlagen.

Eine der bekanntesten Züchterinnen der Nachkriegszeit war Marianne Richter („Drachenschloß"), die mit genauer Kenntnis der Rasse ihren Zwinger aufbaute. Bekannte Hunde-Importe aus England und Italien waren Terence of Oarchardhouse, Vanda van Heuen, Anemone di Capalbio (Int. Ch.) wie auch O'pan of Kyratown. Die Pekingesen dieser Linie waren hochtypisch: klein, üppiges Haar, gute Köpfe, und zudem vererbten sie ihre Anlagen vortrefflich.

Nicht vergessen sind die Zwinger von Mia Haase („vom Nordpark"), Henny Pinzger („vom schönen Rhein"), Heinrich Heinemeyer („von Shing-Pao"), Anneliese Jockisch („Sen-Yü"), Christine Bernhardt („Lao-Tse-Tao"), Luise Rohfleisch („vom Zellerhorn"), Charlotte Freier („Aliquando") oder Else Schwarze („May-Wong") und Ursula Dencker („von Tao-Sen"). Diese Züchter haben dazu beigetragen, den Pekingesen und seine Zucht populär zu machen.

Pekingesen-Zwinger der heutigen Zeit in England

Alderbourne

Diesen Namen trug einer der erfolgreichsten Pekingesen-Zwinger in der Welt. Es gab wohl kaum einen Zwinger, der eine Rasse so geformt und positiv beeinflußt hat. Es gibt keine Ahnentafeln, in denen Alderbourne, der zwei Menschengenerationen existierte, nicht als Ahnen vorkommt. Erfolgreichste Hunde waren die Champions Yu Tong of Alderbourne und sein Sohn Tong Tuo of Alderbourne, Tul Tuo of Alderbourne, Chinaman of Alderbourne, China Doll of Alderbourne, Lin Yu Tang of Alderbourne – doch es würde ein ganzes Buch abgeben, wollte man alle erfolgreichen Hunde aus diesem Zwinger aufzählen, die in die ganze Welt exportiert wurden.

Einer der letzten Hunde dieses Zwingers war der weiße Rüde Limelight of Alderbourne, der weniger als Champion, sondern vielmehr als Deckrüde Bedeutung erlangte. Seine erfolgreichsten Nachkommen waren Princely Gift of Alderbourne, Golden Light of Alderbourne und Shining Light of Alderbourne. Zu bedauern ist, daß es Alderbourne nach dem Tod von Cynthia Ashton Cross nicht mehr gibt.

Changte

Pauline Bull bekam ihren ersten Pekingesen als junges Mädchen von 14 Jahren: eine Hündin aus der Chinatown-Linie, mit der sie auch einen ersten Wurf erzielte. Begeistert von dem Hobby ihrer Tochter, kaufte die Mutter noch zwei Hündinnen aus dieser Linie. Der erfolgreichste Rüde aus diesen Verbindungen war 1937 Cho Do of Changte, ein Enkel von Champion Yu Dah of Chinatown. Cho Do war ein erfolgreicher Ausstellungshund, er gewann mehrere Best of Breed und Best in Show und ist Mitbegründer der später bekannt gewordenen Changte-Linie. Erster Champion von Pauline Bull war Storm Chief of Changte – mit einem Erfolg von 35 Best in Show. Sein Großsohn Dorian of Changte zeugte drei Champions: Do Do of Changte, Storm Cloud of Changte und Young Chief of Changte.

Mr. und Mrs. Bull heirateten 1939. Mr. Bull teilte die Begeisterung seiner Frau für Pekingesen, Tochter Lyndal (geboren 1947) besuchte ihre erste

Pekingesenhündin China Doll of Kytocli aus dem Zwinger Alderbourne

Ausstellung mit sechs Monaten. Sie ist heute eine bekannte Richterin. Erfolgreiche Hunde aus diesem Zwinger wurden die Champions Crown Prince, Crystel Crown, Tudor Treasure, Chuffy's Charm, Crystal Coral, Chuffy's Crown, Tsungli San Fu, Chuffy Chu und viele andere mit dem Beinamen of Changte, die für Mrs. Bull und ihre Changte-Pekingesen in der ganzen Welt erfolgreich waren. Champion Chuffy's Charm of Changte gewann insgesamt 17 CCs und war 1973, 1974 und 1975 erfolgreichster Deckrüde in England. In derselben Zeit war Champion Tsungli San Fou of Changte ebenfalls mit 17 CC sehr erfolgreich.

Pekehuise

Eine sehr erfolgreiche Züchterin war Mrs. Ethel Partridge mit ihren wunderschönen Pekehuise Pekingesen. Eine ihrer erfolgreichsten Hündinnen, Champion St. Aubrey Pekehuise Petula, hatte den Rekord als am häufigsten gewinnende Pekingesen-Hündin aller Zeiten mit 47 CCs. Nach dem Tod von Mrs. Partridge übernahm Miss Winifreed Mee den Zwingernamen. Miss Mee war seit ihrer Schulmäd-

21

chenzeit für Mrs. Partridge tätig, pflegte ihre Hunde und stellte sie für sie aus. Champion Pekehuis Sir Guy war der letzte von Mrs. Partridge gezüchtete Champion und ist Rekordhalter mit 26 CCs. Champion Pemyn Some Guy wurde in der Zeit gezüchtet, als Miss Mee in Zwingerpartnerschaft mit Mrs. Joan Cross war, dieser Rüde gewann 25 CCs. Heute ist Miss Mee in Partnerschaft in der Zucht und auf den Ausstellungen mit Anne und Colin Tennant.

Lotusgrange

Mrs. May Robertshaw begann ihre Zucht 1952 mit einer Hündin aus der Yen-Chow-Linie. Yeng Sing of Lotusgrange ist eine Hündin, die in keiner Ahnentafel von Lotusgrange-Pekingesen fehlt. Die wunderschöne Hündin Champion Jina of Lotusgrange begann ihre Schaukarriere mit sieben Monaten und erhielt ihren Titel mit 14 Monaten. Erfolgreiche Hunde gingen aus diesem Zwinger in die ganze Welt: der amerikanische Champion Wild Venture of Lotusgrange, der holländische Champion Fu Yang of Lotusgrange, Champion Only a wish of Lotusgrange und ihr größter Erfolg Champion Same Man of Lotusgrange, der auf der Cruft 1983 CC-Sieger und Bester der Rasse wurde. May Robertshaw züchtete sechs englische Champions, und ihr Zwinger gewann insgesamt 33 CCs. Besonders erfolgreich

waren ihre Deckrüden mit vielen erfolgreichen Kindern in der ganzen Welt.

Toydom

Diesen Zwinger gründete Mrs. Alex Williams bereits als junges Mädchen. Hunde wie Toydom San San, Grey Boy of Kyratown, Toydom Manzee, Toydom Man Lu, Toydom T's Zee, Toydom Sunshen T'sun und Toydom Sheraton the Duchesse – alle mit dem Champion-Titel – machten diesen Zwinger erfolgreich.

Nach dem Tod von Mrs. Williams baute ihre Tochter Vendy den Zwinger mit ihrer Freundin Adele Summers neu auf. Sie kauften Sungarth Kanga of Toydom, der auf Champion Toydom Sunshen T'sun zurückging, und begannen mit ihm die neue Zucht. Der erste Champion wurde Toydom Erotica, die ihren Titel innerhalb von sieben Wochen gewann. Der nächste Champion aus der neuen Generation wurde dann Toydom Modesty Forbids, es folgte Toydom a touch of Class als Cruft-Sieger und Bester der Rasse 1982. Erfolgreiche Hunde aus diesem Zwinger gibt es in den USA, Frankreich, Norwegen und Australien.

Oakmere

Mrs. Olive Clay begann mit der Zucht von Pekingesen 1957. Sie kaufte aus

Champion Yakee For Your Eyes Only, Bes.: Albert Easton, GB

dem Zwinger Quensmere eine Hündin, und nach zwei Würfen hatte sie die Idee, Schauhunde zu züchten. Sie ließ ihre Hündin von Champion Oberon of Kyratown decken und erhielt aus dieser Verbindung zwei Welpen. Einen verkaufte sie, den anderen behielt sie für sich. Dieser Welpe entwickelte sich zu einem wunderschönen Rüden: Champion Sandiacre of Oakmere. Erfolgreiche Hunde aus diesem Zwinger wurden der amerikanische Champion Oakmere the Baron, Oakmere Dolly Day Dream of Upcot (eine herrliche Miniature), Oakmere the Count und Champion Oakmere the Countesse. Einer der erfolgreichsten Hunde in Deutschland wurde der Internationale Champion Oakmere Ku Zin Zee, der im Besitz des Ehepaares Hess („Tsin-ling-schan") war. Als Richterin ist Mrs. Clay in der ganzen Welt tätig.

Shiarita

Liz und Paul Stannard sandten erfolgreiche Hunde aus diesem Zwinger in die ganze Welt, darunter Namen, die in der Zucht ein Begriff sind: Champion Shiarita Cassidy mit 22 CCs und 18mal Bester der Zucht, zugleich Vater von Champion Shiarita Peter Pan, US-Champion Lien Merry Mouse of Hyldewood, Champion Penbi My Fair Lady, Champion Trentpeke Dreamer,

23

Int. Ch. Fantasy Flame of Lin-Pearl war unter anderem auch Dänischer Champion

Shiarita Wendy und vielen anderen. Den größten Erfolg für einen Shiarita-Hund in Deutschland gab es 1981, als Champion Shiarita Las Vegas (im Besitz des Ehepaares Oosterhoff) Weltsieger wurde. Hunde aus dieser Linie sind hochtypisch, mit verschwenderischem Haarkleid. Spitzenhunde aus diesem Zwinger waren auch Shiarita San Remo, Shiarita Kermit, Shiarita Ford Lauderdale und der wunderschöne Champion Shiarita San Francisco mit drei CCs, zweimal Bester der Zucht und fünf Reserve-CCs. Champion Shiarita Cassidy wurde Vater von zwölf späteren Champions. Insgesamt wurden von den Champions Shiarita Peter Pan, Shiarita Hello Dolly und Shiarita Diamond Lil 50 CCs gewonnen.

24

Beaupres

Mrs. Miryless erhielt ihren ersten Pekingesen schon als kleines Mädchen von neun Jahren. Kurz nach dem Krieg begleitete sie ihren Mann, der damals Offizier in der britischen Armee war, nach Deutschland, wo auch vier ihrer sechs Kinder geboren wurden. Abgesehen von dieser Zeit begleiteten Pekingesen ihr Leben. Erfolge in der ganzen Welt machten Beaupres-Pekingesen bekannt. 15 Jahre lang war Mrs. Miryless Korrespondentin für das amerikanische Magazin „Pekingese Parade". Bislang ist Beaupres der einzige Zwinger in England, der zweimal mit seinen Champions beide Goldmedaillen des Pekingesen-Klubs für den besten Rüden und die beste Hündin gewann: das erste Mal mit Samotha Gay Lad of Beaupres und Beaupres Belle, das zweite Mal mit den Wurfgeschwistern Lady Gay of Beaupres und Beaupres Likely Lad of Patrona.

Beaupres Belle wurde 1975 in Darlington Tagesbeste aller Rassen. Mrs. C. Sutton, bekannte Allround-Richterin, nahm in einem neuen Buch Beaupres Belle als Vorbild für den Standard. Beaupres wird nach dem Tod von Mrs. Miryless von ihrer Tochter Fiona geleitet, die eine bekannte Richterin ist und diese Aufgabe auch auf der Cruft 1983 übernahm.

Einer der bekanntesten Pekingesen aus dem Zwinger von Mrs. Miryless in Deutschland ist Champion Beaupres Hi Light, die in den Besitz von Eva und Albert Häckl kam und sich zur dominierenden Zuchthündin in dem Zwinger Mi Lei Fu entwickelte.

Micklee

Der Zwinger Micklee wurde von Joyce Mitchel 1946 registriert und erfolgreich mit ihrem Mann Jack geführt. Viele Champions wurden in diesem Zwinger gezüchtet, wie Champion Tameko of Micklee, Champion Micklee Twee Jin, Champion Micklee Tarjeo, Champion Micklee Rocfard und Champion Micklee Rocs Ru-Ago, einer der letzten einer Reihe von wunderbaren Pekingesen-Champions. Insgesamt gewann der Zwinger Micklee über die ganzen Jahre 152 Challenge Certificates (Champion-Anwartschaften). Es wurden 17 Micklee-Pekingesen zu englischen Champions.

Pekingesen-Zwinger in Deutschland

Jün-Pe-Fu

„Stadt in den nördlichen Wolken" bedeutet dieser Name. Renate und Dieter Erlhoff gründeten ihren Zwinger 1974 mit dem Rüden Royal Son of Lin-Pearl und der Hündin Fayr Lady of Lin-Pearl, einer Schwester vom Internationalen Champion Fantasy Flame of Lin-Pearl. Diese beiden Hunde sind in fast allen Jün-Pe-Fu-Pekingesen. Der größte Erfolg war, als der Rüde Mang-su von Jün-Pe-Fu Internationaler Champion wurde. Erlhoffs begannen sich dann für schwarze und weiße Pekingesen zu interessieren. Man importierte aus Dänemark eine schwarze Pekingesen-Hündin, Kiski Black Venus. Diese brachte in ihrem ersten Wurf den schwarzen Champion Yingsheng von Jün-Pe-Fu, ebenfalls schwarz, der wiederum erfolgreich auf Ausstellungen war. 1986 wurde der weiße amerikanische Rüde Huff's Chuchi importiert und 1987 zwei ebenfalls weiße Hündinnen aus dem Zwinger Su-Kai, der einer der Top-Zwinger für weiße und schwarze Hunde in den USA ist. Anfang 1988 fielen dann die ersten weißen Pekingesen im Zwinger Jün-Pe-Fu.

Weitere Importe aus den USA wurden mit dem schwarzen Rüden ameri-kanischen Champion Windemere's Midnite Dragon gemacht, der sich später als vorzüglicher Vererber zeigte und sehr schnell Deutscher Champion wurde.

Seine Tochter Su Kai Midnite Magic kam ebenfalls nach Deutschland und wurde in kürzester Zeit Internationaler Deutscher und Dänischer Champion.

Der große Erfolg in der weißen Zucht war, als Champion Windemere's Midnite Dragon mit weißen Huff's-Chu-Chi-Töchtern gepaart wurde. Die Verpaarung brachte den wunderschönen Dänischen und Deutschen Champion Ruben von Jün-Pe-Fu, dieser wiederum zeugte den weißen Jugend-champion Vincent von Jün-Pe-Fu. Mit der schwarzen englischen Importhündin Dorodea Gwynivere zeugte Champion Midnite Dragon die schwarze Deutsche Champion und Clubsiegerin Quinni von Jün-Pe-Fu.

Der Zwinger von Jün-Pe-Fu ist in der heutigen Zeit einer der erfolg-reichsten Pekingesenzuchten schwarzer und weißer Hunde in Europa. Die Hunde sind klein, kräftig, verschwenderisch im Haar und äußerst gesund, und sie besitzen – das Wichtigste (!) – gesunde Beine, woran es heute bei vielen Pekingesen mangelt.

Lin-Pearl

Auch als Autorin kann ich mich in dieser Aufzählung nicht ganz übergehen: Ich gründete meinen Zwinger 1972 mit Hunden aus den besten englischen Linien. Der größte Erfolg meines Zwingers begann, als ich in Australien die Hündin Mah Jong Mae Ling kaufen konnte. Mae Ling wurde Mutter meines zweiten Internationalen Champions Clark Son of Lin-Pearl, der im Besitz von Mrs. Delmont in den USA war. Der Tochter Champion Fantasy's Amethyst fehlte danach nur noch ein CACIB zum Internationalen Championat. CACIB ist die Abkürzung von „Certificat d'Aptitude au Championat International de Beauté". Amethyst ging in den Besitz von Norma Lockwood in der Schweiz. Mein erfolgreichster Rüde war Champion Fantasy Flame of Lin-Pearl. Seine Titel: Internationaler Champion, Dänischer Champion, Deutscher Champion, Klubsieger, Deutscher Bundessieger. Ich habe nie in großen Zwingern gekauft, sondern bemühte mich um hochtypische Pekingesen aus kleinen Zwingern, die nach dem Standard züchten und sehr kritisch ihre eigenen Hunde bewerten. Nach meiner Erfahrung sind gute Hündinnen eine wichtige Voraussetzung für erfolgreiche Zucht. Kaum weniger wichtig ist allerdings die Auswahl des Deckrüden und die Beachtung des Standards.

1986 importierte ich die Hündin Pendenrah Jenny, eine Tochter des fantastischen Englischen Champions Jay Trump of Sunsalve, der dort einer der besten Vererber war. Diese Hündin zeigt hohe Qualität, hat bereits einige CACs und wurde auch Deutscher und Finnischer Champion. Ebenfalls wurden aus England importiert Finnischer Champion Rosalynn Lilli Marlen at Toydom, Annesuz Outrages Fortune sowie der Rüde Eirlyn Fu-Chi at Toydom, ein Sohn von Belknap Brocade. Insgesamt wurden in meinem Zwinger 19 Nationale Champions gezüchtet und waren in meinem Besitz.

Suntoy

Mit dem Rüden Hei Lian von Chiyodajo aus der Zucht von Charlotte Kasper konnte Gabriele Runge ab 1984 die ersten Ausstellungserfolge erringen. Im Jahr 1986 gründete sie den Suntoy-Zwinger mit der Hündin Highmead Pippin at Oakmere, die nach sorgfältiger Auswahl und etwas Glück aus dem englischen Zwinger Oakmere von Olive und Arnold Clay nach Deutschland kam. Diese Hündin wurde nicht nur in kurzer Zeit mehrfacher Champion, sie vererbte auch alle ihre guten Eigenschaften wie ein liebenswertes Wesen und einen substanzvollen gesunden Körperbau an ihre vier Nachkommen aus zwei Würfen weiter.

You Chüan Fu Bo-Hai

Grundidee für die Suntoy-Zucht war, aus den beiden erfolgreichen englischen Blutlinien Micklee und Penang einen eigenen Typ von Pekingesen zu züchten. So wurden die ersten Welpen aus der Stammhündin Highmead Pippin at Oakmere (Micklee-Typ) und dem englischen Champion St. Sanja Trumps Upp of Penang im Besitz von Herrn und Frau Heß (Zwinger Tsin-ling-schan) gezüchtet. Auch der eigene Rüde Internationaler Champion Hei Lian von Chiyodajo, ein Sohn vom Champion Penang Fu Chu, konnte die Penang-Linie mit zwei Kindern verstärken.

Alle Nachkommen aus diesen Verbindungen wurden mehrfache Champions. Der Rüde Suntoy Benjamin Trumps upp (im Besitz von Karin Strate) und die beiden Halbschwestern Suntoy Baby Trumps upp und Suntoy Classey Candy erreichten den Titel Internationaler Champion. Vater des jüngsten Nachwuchses im Zwinger Suntoy wurde der englische Rüde Keymoss Royal Acclaim im Besitz von Herrn und Frau Heß (Tsin-ling-schan). Dieser Rüde wurde eingekreuzt, weil er neben der Micklee-Linie den zur Zeit wohl besten englischen Vererber Yakee For Your

Pekingesen in Seidenmalerei aus dem alten China (Privat Collection, Großbritannien)

Eyes Only in der Ahnentafel hat. Auch sorgt er für reichlich schwarzes Pigment, Grundlage für Köpfe mit dunklen Vollmasken und langen schwarzen Ohrenfransen sowie kräftige Farben.

Gabriele Runge legt in ihrer Zucht besonders Wert auf ein fröhliches Wesen und kraftvolle gesunde Pekingesen mit möglichst schwarzen Gesichtern. Mit einem Bestand von nur sechs erwachsenen Pekingesen im Hause kann der kleine Zwinger Suntoy große Erfolge auf den Ausstellungen im In- und Ausland aufweisen: 4 Internationale Champions, 18 Nationale Champions, 7 Clubsieger, 4 Jugendchampions, 2 Belgiensieger, 1 Europasieger, 1 Europa-Jugendsieger und insgesamt 45 CACIBs.

Tsin Ling Schan

Der Zwinger gehört Irene und Herbert Heß. Erste Importe der Spitzenlinien Englands kamen im Jahr 1968 mit dem Deutschen Champion Tanya of Drakehurst (Jamestown-Linie) und dem Deutschen Champion und Bundessieger Tautina Ravenswood (aus erster Linie vom Amerikanischen, Kanadischen und Englischen Champion Goofus Bugatti). Auch der Internationale Champion Oakmere Ku Zin Zee, ein direkter Sohn des Amerikanischen, Kanadischen sowie Englischen Champions Copplestone Pu Zin wurde im Jahr 1968 importiert.

Züchterische Erfolge stellten sich bereits mit Tautina und Santi vom Drachenschloß von Marianne Richter ein, als aus dem ersten Wurf Antoschek und Anuschka of Tsin-lingschan Nationale und Internationale Champions wurden. Auch Anatoli wurde Champion. Nur kurze Zeit später importierte das Ehepaar Heß Ravenswood Rodriquez, der ebenfalls auf Champion Goofus Bugatti gezüchtet war. Rodriquez wurde Nationaler und Internationaler Champion sowie Weltsieger 1973, brachte sehr guten Nachwuchs und einige Champions; der bekannteste unter seinem Nachwuchs war der Nationale und Internationale Champion sowie Bundessieger Nagoya of Tsin-lingschan, im Besitz der Familie Marti, Schweiz.

Die größten Erfolge in der Zucht, auf die der Hobbyzwinger mehr als auf Ausstellungserfolge Wert gelegt hat, gab es mit dem englischen Rüden Penang Master Kwa, ein guter Vererber und Deckrüde, der Nationale und Internationale Champions gebracht hat. Ihm hatten wir in den Jahren 1980 bis 1982 die erfolgreichste Pekingesen-Zuchtgruppe der Familie Ziegler zu verdanken. Auch der erste Englische Champion St. Sanja Trumps Upp of Penang brachte einige Nationale und Internationale Champions.

Familie Heß legte damals wie heute in ihrer Hobbyzucht großen Wert auf kleine, kompakte und

Mi-Lu Chai-yung Classic Heartbreaker – Deutscher Jugendchampion, Clubsieger, Deutscher Champion, VDH-Champion

gesunde Pekingesen. Herr Herbert Heß ist seit über 15 Jahren 1. Vorsitzender des Internationalen Clubs für Japan-Chin, Peking-Palasthunde und King-Charles-Spaniel, gegr. 1920, e.V. und seit 20 Jahren ein bekannter Spezialrichter. Durch ihre umfangreichen Kenntnisse und Erfahrungen in der Zucht von Peking-Palasthunden bietet das Ehepaar Heß eine gute Hilfestellung nicht nur den Züchtern, sondern auch den Liebhabern.

Mi-Lu Chai-yung

Wurde 1986 von W. und L. Berger gegründet. Die erste Hündin in diesem Zwinger war die erfolgreiche Mi-Lei-Fo Errotic Roulette, die sieben Titel errang und der Jahressieger 1991 wurde.

Die Hündin Mi-Lei-Fo Destiny war eine erfolgreiche Zuchthündin, und aus ihrem ersten Wurf kam der erfolgreiche Rüde Ch. Mi-Lu Chang-yung Classic Heartbreaker. Internationaler Champion, Europasiegerin 93, Jahressiegerin 92 und 93 wurde die Hündin Mi-Lu Chai-yung Black glamour face, die sich wiederum mit ihrer Tochter Mi-Lu Chang-yung Daughter of Dreams nicht nur als erfolgreiche Schauhündin, sondern auch als Zuchthündin bewiesen hat.

F.C.I.-Standard für Pekingesen

Wie für andere Rassen auch, hat die Fédération Cynologique Internationale (F.C.I.) für den Pekingesen einen Standard festgelegt. Und der sieht folgendermaßen aus:

Allgemeinerscheinung. Er soll ein kleiner, gut proportionierter, stämmiger Hund sein. Verlangt werden Würde und Qualität: Er sollte sich im Ring furchtlos und mit wachem, intelligentem Ausdruck zeigen.

Kopf und Schädel. Kopf massiv, breiter Schädel, weit und flach zwischen den Ohren, nicht gewölbt. Großer Augenabstand. Nase sehr kurz und breit. Nasenlöcher groß, offen und schwarz. Schnauze sehr breit, mit guter Faltenbildung und starkem Unterkiefer. Das Profil sollte ganz flach aussehen, mit der Nase ziemlich hoch zwischen den Augen. Kurzer Stop.

Augen. Groß, klar, dunkel und glänzend. Gewölbt, aber nicht hervorstehend.

Ohren. Herzförmig, in gleicher Höhe mit dem Schädel angesetzt und eng am Kopf anliegend.

Lange, verschwenderische Fransen an den Ohren. Das Ohrleder selbst sollte nicht tiefer als die Schnauze sein.

Schnauzpartie. Gerade Lippen. Zunge oder Zähne dürfen nicht sichtbar sein.

Vorderhand. Kurze, dicke und schwerknochige Vorderbeine. Knochen der Vorderbeine gebogen, aber fest in den Schultern. Irgendwelche Fehler darf es hierbei nicht geben.

Rumpf. Kurz, aber mit breiter Brust und guter Rippenwölbung, nach hinten sich verjüngend, löwenähnlich mit ausgeprägter Taille, gerader Rücken, Muskeln gut ausgebildet, und zwar an der Innenseite der Beine, nicht außen.

Hinterhand. Leichter als vorn, aber fest und gut geformt. Engstehend, aber nicht kuhhessig. Absolut fehlerfreier Zustand wird gefordert.

Läufe. Groß und flach, nicht rund. Der Hund sollte sicher auf den Füßen stehen, nicht auf der Elle. Vorderfüße leicht nach außen gestellt. Völlige Fehlerfreiheit wird auch hier verlangt.

Gang. Ein leichtes, würdevolles Rollen in der Vorderhand mit engem Gang hinten. Diese typische Gangart darf nicht mit einem von losen Schultern herstammenden Rudern verwechselt werden.

Rute. Hochangesetzt. Am Körper anliegend, leicht über den Rücken oder zur Seite geschwungen getragen. Lang befedert.

Kopfformen

korrekter Umriß
des Kopfes

inkorrekter Kopf, zu hoch und zu schmal

inkorrekter Oberkopf, zu rund und zu gedomt,
im Gegenteil zum gewünschten flachen Oberkopf

Kopfstudie zeigt zu starke Nasenfalte, diese
behindert die Atmung durch die Nase

Kopf mit inkorrekter schiefer Schnauze

Kopfformen

korrekt

inkorrekt, Ohren sind zu tief angesetzt, Stirn zu rund, die Nase ist zu tief plaziert, zu fliehendes Kinn

inkorrekt, Ohren sind zu hoch angesetzt, welche einen fliegenden Ausdruck geben. Unterkiefer zu stark. Nasenfalte zu stark ausgebildet

Rutenhaltung

korrekt

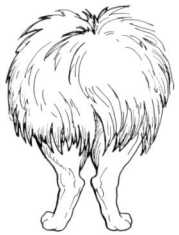

inkorrekt, kuhhessig

inkorrekt, zu schwach in den Sprunggelenken

34

Vorhand

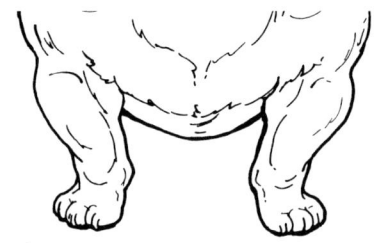

korrekt

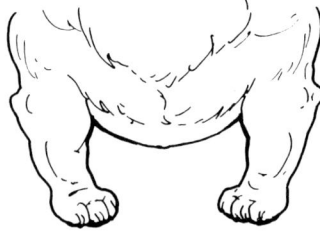

inkorrekt, ausdrehende Ellbogen

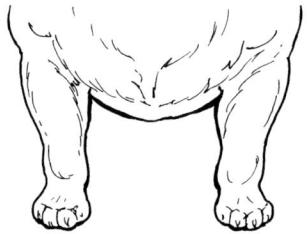

inkorrekt, zu lang und zu gerade

Hinterhand

korrekt

inkorrekt, Rute zu tief angesetzt

inkorrekt, Chrysanthemen-Rute, zu sehr gekringelt

35

Körperformen

korrekter Umriß
des Körpers

inkorrekt, ansteigende Rückenlinie und krummer Rücken

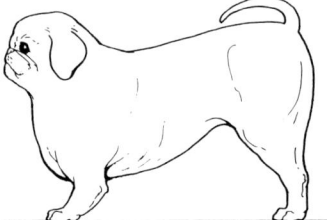

inkorrekt, ansteigende Rückenlienie, durch zu gerade Hinterhandwinkelungen und losen Vorderbeinen

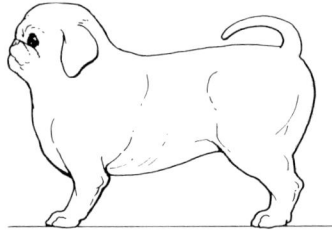

inkorrekt, zu gedrungen

korrekter Umriß des Pekingesen

36

Haarkleid. Lang und gerade, mit üppiger Mähne über den Schultern, die ein Cape oder einen Fransenumhang bildet.

Deckhaar sehr fest mit dichter Unterwolle. Verschwenderische Befederung an Ohren, Beinen, Oberschenkeln (Hosen), Rute und Zehen.

Farben. Alle Farben sind erlaubt und gleich gut, abgesehen von Albinos oder leberfarbenen Hunden. Gescheckte Hunde sollten eine regelmäßige Farbverteilung haben.

Gewicht und Größe. Das Idealgewicht sollte fünf Kilogramm für Rüden und 5,5 Kilogramm für Hündinnen nicht überschreiten. Der Hund sollte klein aussehen, aber überraschend schwer sein, wenn man ihn aufnimmt. Schwerer Knochenbau und ein kompakter, wohlgeformter Körper sind für die Rasse typisch.

Der Kauf eines Pekingesen

Bevor Sie sich einen Pekingesen kaufen, rate ich Ihnen, sich auf Ausstellungen umzusehen. Diese werden abgehalten vom VDH (Verband für das Deutsche Hundewesen e.V.) oder sind Spezialzuchtschauen des 1. Deutschen Pekingesen Clubs von 1987 e.V. oder des Internationalen Clubs für Japan-Chin, Peking-Palasthunde und King-Charles-Spaniel e.V., die die Rasse des Pekingesen in der Bundesrepublik Deutschland vertreten. Auf diesen Ausstellungen können Sie Züchter kennenlernen und ein Bild von der Qualität der ausgestellten Hunde erhalten. Haben Sie keine Hemmungen, fragen Sie ruhig den Aussteller, der Sie bestimmt beraten wird. Ich bevorzuge Hunde aus kleinen Zwingern. Zwar ist es sicher leichter, einige gute Ausstellungshunde von einer großen Zuchtbasis zu erhalten. Aber wer trotz kleiner quantitativer Basis stets vorn ist, beweist züchterisches Fingerspitzengefühl und Können.

Rüde oder Hündin?

Wenn Sie sich nun entschließen, einen Pekingesen zu kaufen, lautet die erste Frage: Rüde oder Hündin? Und die zweite: Wünsche ich mir diesen Hund zur Zucht oder nur als Haushund?

Die Antwort: Rüden sind unproblematischer als Hündinnen. Bei der Hündin können Sie davon ausgehen, daß sie anhänglicher sein wird und ein bißchen häuslicher – dafür aber auch zweimal im Jahr läufig.

Ihre Pekingesin wird kurz vor ihrer Hitze etwas Haar verlieren, was dem Aussteller Probleme macht. Denn der Richter erwartet im Ring stets einen Pekingesen im perfekten Haarkleid. Selbst die besten Pflegemittel helfen dabei nicht.

Ein Rüde ist in doppelter Hinsicht problemlos: Er behält ständig sein prächtiges Haarkleid, und Angst vor einer unerwünschten Deckung stellt sich nicht ein.

Ahnentafel, Stammbaum, Impfpaß

Auf jeden Fall sollte Ihr Hund eine Ahnentafel haben. Sie gehört zum Hund wie der Paß zum Menschen. Alle Hunde, seien sie auch noch so reinrassig, gelten im züchterischen Sinn als fragwürdig, wenn sie keine Ahnentafel haben, auf der mütterlicher- und väterlicherseits die letzten

Yü Ti von Chiyodajo, nach einem Gemälde von Mrs. Williams-Rush (Großbritannien)

drei Generationen eingetragen sind. Achten Sie darauf, daß die Ahnentafel vom 1. Deutschen Pekingesen Club von 1987 e.V. oder vom Internationalen Club für Japan-Chin, Peking-Palasthunde und King-Charles-Spaniel e.V. ausgestellt worden ist, die im VDH die Rasse des Pekingesen vertreten. Nur in diesen Clubs wird in Deutschland eine Hochzucht und Zuchtauslese durch Wurfkontrollen, Körungen und Spezialzuchtschauen betrieben.

Daß alle Welpen bereits vor dem Verkauf die erste Impfung gegen Staupe, Hepatitis und Parvovirose erhalten, ist selbstverständlich, jeder verantwortungsbewußte Züchter muß seine Welpen impfen und gibt sie nur im besten Zustand ab. Achten Sie also darauf, beim Kauf neben der Ahnentafel auch den Impfpaß zu erhalten, denn für jeden kleinen Welpen wird bei der ersten Impfung eigens ein international anerkannter, mehrsprachiger Impfpaß ausgestellt, und in ihm sind auch die weiteren Impfungen genau vermerkt.

Wieviel kostet ein Pekingesenwelpe?

Bedenken Sie, daß ein Pekingese eine Lebenserwartung von 11 bis 13, ausnahmsweise bis zu 17 Jahren hat. Er ist also ein Partner, der Sie für ein gutes Stück Ihres Lebens begleiten wird.

Sie werden wie ich zu der Ansicht kommen, daß der beste Hund gerade gut genug für Sie ist und nicht der billigste. Eine Kaufpreisdifferenz sollte nicht zum Grübeln verleiten. Ihr Pekingese sollte Ihnen nicht nur wegen seiner Liebe, sondern auch wegen seiner Schönheit ans Herz wachsen.

Preise für Welpen zu nennen ist sehr schwierig. Man unterscheidet zunächst im Preis zwischen Haushunden und Zucht- oder Ausstellungshunden. Man kann Pekingesen ab 500 DM kaufen. Das sind aber dann ausgesprochene Pets (Liebhaberhunde), zwar gesund und natürlich, aber mit kleinen Abweichungen vom Standard.

Zucht- und Ausstellungshunde kosten im Durchschnitt ab 1000 DM, nach oben gibt es keine Grenzen.

Oscar's Idol of Lin-Pearl

Wie alt soll der Welpe beim Kauf sein?

Ich habe nie Hunde unter zwölf Wochen abgegeben, weil ich glaube, daß die Zeit bei der Mutter und die weitere Pflege des Züchters nach der Entwöhnung ausschlaggebend für das ganze Leben sind. Nach der 12. Woche kann ein Kenner der Rasse sagen, wie sich der kleine Pekingese entwickelt: ob er ein Schauhund oder ein Pet wird. Pekingesen, die mit zwölf Wochen einen guten Typ zeigen, bleiben grundsätzlich bis zu sechs Monate bei mir. Dann entscheide ich, ob ich sie für Zucht oder Schau verkaufe oder für meinen eigenen Zwinger behalte.

Wenn Sie ein eifriger Aussteller werden möchten, dann nutzen Sie die Möglichkeit, einen älteren Welpen zu kaufen. Denn auch ein Jungtier von acht Monaten wird sich an Sie gewöhnen und Ihnen Freude machen. Sie können bei diesem Alter am besten sehen, wie Ihr Pekingese wird. Nehmen Sie den Standard und vergleichen Sie. Der Standard ist immerhin so etwas wie das Gesetz für den Züchter.

Abholen des Welpen

Wenn Sie sich zum Kauf eines Pekingesen entschlossen und mit dem Züchter verständigt haben, ist der Tag, an dem Sie ihren kleinen Pekingesenwelpen abholen, nicht mehr fern. Da ist es natürlich wichtig, sich auf den neuen Lebenspartner im Haushalt einzustellen. Das heißt: Sie brauchen ein Körbchen mit Decke, zwei Näpfe für Wasser und Futter sowie Schultergurt und Leine.

Natürlich wird Ihnen jeder Züchter einen Futterplan und etwas Futter für die ersten Tage mitgeben. Lassen Sie sich von Ihrem Züchter beraten, damit Sie keine Fehler machen, und halten Sie sich in den ersten Tagen strikt an den Futterplan.

Ich gehe davon aus, daß Sie Ihren Pekingesenwelpen mit dem Auto abholen. Ihr kleiner Pekingese ist jedoch das Autofahren nicht gewöhnt. Das hat oft Folgen, die sich als Angst, Unruhe und auch durch Erbrechen zeigen. Den Welpen sollte man deshalb bei seiner ersten Fahrt auf den Schoß nehmen, um ihm Geborgenheit zu geben und zum anderen die Fliehkraft in den Kurven auszugleichen.

Hinzu kommt, daß der Welpe erhöht sitzt und die Umwelt besser wahrnehmen kann. Nach meiner Erfahrung führt diese Methode stets zum Erfolg. Alle meine Pekingesen wurden begeisterte Mitfahrer. Wichtig ist, einige Frotteetücher und Papiertücher für den Fall mitzunehmen, daß Ihrem neuen Hausgenossen ein Mißgeschick passiert.

Der Kauf

41

Ein kaiserlicher Hundewagen in Lack und weißer Jade (1736–1795). Zu sehen im Philadelphia Museum of Art in den USA

Erste Tage im neuen Heim

Wenn Sie die Fahrt gut überstanden haben und zu Hause eingetroffen sind, setzen Sie Ihren Pekingesen in den Garten oder auf die Wiese: Sie werden feststellen, daß er sofort näßt und sich vielleicht sogar löst. Ebenso einfach ist die Sache, wenn Sie keinen Garten haben: Legen Sie eine Zeitung in die Nähe seines Korbes. Sie werden es sehen – er wird dort hinlaufen, nässen und sich auch darauf lösen. Auf dieses spezielle Zeitungstraining komme ich noch zurück.

Ihr kleiner Pekingese wird die neue Umwelt kennenlernen wollen und alles freudig beschnuppern. Nehmen Sie ihn auf den Arm und zeigen Sie ihm alles. Vermeiden Sie laute Geräusche, damit er sich nicht erschrickt. Abends, zur Schlafenszeit, setzen Sie ihn in sein Körbchen. Natürlich wird er seine Geschwister vermissen und jaulen. Sprechen Sie darum auf ihn ein und beruhigen Sie ihn, aber verändern Sie nicht den Platz seines Korbes. Schon in der ersten Nacht entscheidet sich, ob Sie einen Schlafzimmerhund haben werden. Setzen Sie den Kleinen immer wieder in den Korb und beruhigen Sie ihn, und bald wird er einschlafen. Lassen Sie ruhig Ihre Schlafzimmertür offen, damit er Sie hören kann. Bestimmt wird er morgens vor Ihrem Bett stehen und Sie wecken. Gehen Sie sofort mit ihm hinaus, auch wenn sich an der beschmutzten Zeitung zeigt, daß Ihr neuer Hausgenosse schon ein Geschäft gemacht hat.

Pflege und Stubenreinheit

Es versteht sich von selbst, daß auch beim Pekingesen die Stubenreinheit wichtig ist. Man kommt dazu auf einfache Weise: Wenn Sie keinen eigenen Garten haben oder sich in der Nähe Ihrer Wohnung kein geeigneter Platz befindet, dann führen Sie das „Papiertraining" durch: Eine Zeitung wird in eine unauffällige Ecke gelegt, und wenn Sie das Gefühl haben, Ihr Welpe muß nässen oder sich lösen, setzen Sie ihn darauf. Ihr junger Pekingese wird das schnell begreifen und diesen Platz als seine Toilette benutzen. Wir würden nicht so viele sarkastische Bemerkungen über Hunde im Hotel hören, wenn sie alle vernünftig erzogen wären. Welch ein Geschenk des Himmels ist doch die eingespielte Routine in puncto Sauberkeit nicht nur in der Wohnung selbst, sondern auch im Hotel oder im Zug!

Fellpflege ist vom frühen Alter an unentbehrlich. Damit meine ich nicht etwa nur einen kurzen Bürstenstrich. Regelmäßigkeit und Gründlichkeit sind wichtig. Die folgende Schilderung beruht auf den Erfahrungen, die ich in langen Jahren gemacht habe, in denen ich für meine Hunde sorgte, angefangen bei meinen Champions bis hin zu den Zuchthündinnen. Set-

43

zen Sie Ihren Hund entweder auf Ihren Schoß oder auf einen Tisch, wobei zwei Schüsseln warmes Wasser und zwei kleine Schwämme in Greifnähe sein sollten.

Zuerst werden das Gesicht des Hundes und die Falten mit klarem Wasser gewaschen und anschließend gut abgetrocknet.

Dann legen Sie den Hund auf den Rücken, waschen ihn mit dem Schwamm und pudern seinen Bauch entlang.

Jetzt kommt der letzte Schliff mit der Bürste. Kaufen Sie eine gute aus feinsten Naturborsten, nicht aus Nylon, Draht oder einem synthetischen Material, da jede Rauheit die feine Befederung zerstören könnte. Weil es um die Pracht des Pekingesen geht, wettere ich stets gegen die Benutzung des Kammes. Lose Unterwolle zupfe ich vorsichtig heraus. Wenn ein Pekingese regelmäßig jeden Tag so gepflegt wird, wie ich es vorschlage, dann wird sich nie ein Knoten bilden, der mit dem Kamm entfernt werden müßte.

Der Wuchs der Befederung auf Rute und Ohren kann gefördert werden: Benutzen Sie ölhaltige Sprays (Gliss, Mr. Groom, Ring 5, St. Aubrey),

bürsten Sie das Mittel vorsichtig ein und achten Sie besonders auf die Augen, in die ja nichts gesprüht werden darf – eine Bindehautentzündung wäre sonst die Folge. Die zwei wichtigsten Voraussetzungen sind Zeit und Geduld. Wenn Sie anfangen, zum Aussteller zu avancieren, werden Sie herausfinden, daß ein großer Teil Ihres Erfolges von der Präsentation des Hundes abhängt. Ich werde auf dieses Thema zurückkommen.

Leinenführigkeit

Halsbänder sind bei Pekingesen nicht üblich. Gut geeignet sind dagegen Schulterbänder (Laufgestelle), in denen sich Ihr Pekingese frei bewegen kann. Sie lassen sich leicht verstellen und passen sich der Größe an. Die Gewöhnung an die Leine macht die wenigsten Schwierigkeiten, wenn das Schulterband anfänglich den ganzen Tag über getragen wird. Mehrmals am Tag wird die Leine eingehakt, und auf spielerische Art wird geübt.

Sehr bald wird er begriffen haben und perfekt an der Leine laufen. Denken Sie stets daran: Ein Pekingese ist äußerst lernfähig und begreift sehr schnell.

Die Zucht

Angenommen, Sie haben für den eigenen Zwinger den Anfang gemacht und einen guten, reinrassigen Welpen aus einer soliden Zucht gekauft, der auch schon erfolgreich auf Ausstellungen war. Dann sollten Sie nach sechs Monaten die Hündin ständig beobachten, um festzustellen, wann sie zum ersten Mal läufig wird. Wenn die Hitze mit sechs Monaten kommen sollte, dürfen Sie das Tier natürlich noch nicht decken lassen. Das wäre der Entwicklung der Junghündin nicht zuträglich.

Die Zuchtbestimmungen vom 1. Deutschen Pekingesen Club von 1987 e.V. und Internationalen Club für Japan-Chin, Peking-Palasthunde und King-Charles-Spaniel e.V. sind schon für die beginnende Zucht bindend. Danach dürfen nur die im VDH anerkannten Zuchtbuch eingetragenen und angekörten Rüden und Hündinnen zur Zucht verwendet werden, es sei denn, man bemüht sich um eine gesonderte Zuchtbewertung. Rüden müssen dabei die Formwertnote „sehr gut", Hündinnen die Note „gut" von einem anerkannten Zuchtrichter des Klubs zugesprochen bekommen. Das Mindestzuchtalter beträgt fünfzehn Monate für die Hündin, zwölf Monate für den Rüden. Als Höchst-

zuchtalter gelten für Rüden zehn, für Hündinnen acht Jahre. In meinem Zwinger habe ich Zuchthündinnen stets während der zweiten Hitze decken lassen und beste Ergebnisse verzeichnet.

Sie werden allgemein feststellen, daß es zwischen jeder Läufigkeit eine Zeit von etwa sechs Monaten gibt. In der Zeit nach der ersten Hitze können Sie sorgfältig einen Rüden auswählen. Für den Anfang würde ich nicht dazu raten, sich einen Rüden zu kaufen. Mir fällt in diesem Zusammenhang ein alter Spruch ein, er lautet: „Gehe, bevor du rennst." Auf jeden Fall wäre ein Rüde mit hohem Zuchtwert sehr teuer. Ich schlage Ihnen vor, daß Sie zunächst Mitglied in einem spezialisierten Verein werden. Das ist eine Gruppe von Leuten, die einen Präsidenten und einen örtlichen Vorsitzenden, einen Geschäftsführer und einen Schatzmeister haben, dazu ein Komitee von Züchtern, die sich nur für eine Rasse interessieren und für deren Erhaltung und Verbesserung arbeiten. Für Pekingesen sind in Deutschland die schon genannten Clubs zuständig (siehe auch unter „Anschriften, die Sie kennen sollten", Seite 94).

Um Mitglied zu werden, müssen Sie als erstes einen Aufnahmeantrag an den Geschäftsführer schicken, der Ihnen dann Satzung und Zuchtordnung des Clubs übersendet. Ihr Name wird nun in der Fachzeitschrift „Unser Rassehund" veröffentlicht, und wenn niemand etwas gegen Ihre Mitgliedschaft in diesem Verein hat, sind Sie dann Mitglied. Einmal eingeschrieben, würde ich die erste Gelegenheit ergreifen, eine der Klubschauen mitzumachen. Diese werden von den Landesgruppen des Clubs veranstaltet und sind meist sehr familiär. Sie können dort andere Mitglieder kennenlernen und vor allem bei den ausgestellten Hunden die Gewinner des Tages ansehen, um eine Vorstellung vom Ideal, auf das Sie abzielen, zu bekommen.

Wahl des Deckrüden

Die meisten gewinnenden Hunde werden vereinsöffentlich für Zuchtzwecke verwendet. Die bekannten Hunde, die sich als ausgezeichnete Zuchttiere bewährt haben, können ein Deckgeld von 400,- bis 1000,- DM erfordern, während andere – je nach ihrer Vorgabe – ab 200,- DM kosten. Natürlich können Sie den Züchter, von dem Sie Ihren Welpen gekauft haben, darum bitten, einen Deckrüden vorzuschlagen. Der Züchter wird sicher dazu bereit sein. Doch möchten Sie vielleicht selbst einen Deckrüden aussuchen. Dann nehmen Sie eine Ahnentafel-Abschrift Ihres Welpen

mit zur Schau und lassen sich dort beraten.

Die Zucht von reinrassigen Hunden ist heutzutage eine höchst wissenschaftliche Angelegenheit. Bücher, nein, Bibliotheken sind zu diesem Thema geschrieben worden. Wenn Sie lieber Ihrem eigenen Gefühl folgen wollen, tun Sie es ruhig. Ein alter Spruch der Züchter lautet: „Gleich zeugt gleich", und in seiner Einfachheit bleibt er bis heute gültig. Anders gesagt: Weichen Sie nie vom korrekten Typ ab. Haben Sie eine bewährte Zuchthündin gekauft, dann sollten Sie den allerbesten Rüden aussuchen – ohne Rücksicht auf das Deckgeld.

Um auf das Decken einer Junghündin zurückzukommen, möchte ich vorschlagen, daß Sie einen jungen Rüden zu einem mäßigen Preis nehmen, zum Beispiel den Bruder oder Sohn eines Champions. Sie werden feststellen, daß nach der Paarung Erfolg oder Versagen hauptsächlich von der Hündin abhängen. Deshalb ist es von größter Bedeutung, daß sie zur Zeit der Paarung in Top-Form ist, was ihre Gesundheit betrifft, und körperlich in gutem, zähem, nicht zu fettem Zustand.

Es ist wahrscheinlicher, daß Sie einen großen Wurf besserer Welpen von einer gesunden, nicht zu fetten Hündin erhalten als von einer, die zu dick ist. Glänzendes Haar ist ein gutes Zeichen für die Gesundheit. Wenn das Fell Ihrer Hündin stumpf er-

Mi-Lu Chai-yung Comedian Christie – Deutscher Jugendchampion

scheint, ist es empfehlenswert, vor dem Decken eine Wurmkur zu machen. Viele Züchter machen diese Kur grundsätzlich zur Vorbereitung. Es handelt sich um eine einfache Prozedur: Irgendeines der Markenwurmmittel genügt, Sie brauchen nur der Anweisung zu folgen. Einige Züchter machen eine Wurmkur nach der Paarung, was aber allgemein nicht für empfehlenswert gehalten wird. Die Hündin könnte die Welpen dadurch verlieren.

Die Paarung

Nachdem Sie Ihren Rüden ausgewählt, an den Besitzer geschrieben und einen Decktermin zum ungefähren Datum vereinbart haben, warten sie auf die Zeit der Läufigkeit Ihrer Junghündin.

Eine junge Hündin sollte beim ersten Mal ziemlich früh gedeckt werden. Sie können es jederzeit zwischen dem zehnten oder dreizehnten Tag probieren. Ich empfehle, daß Sie die Hündin persönlich zum Deckrüden bringen. Sie wird bei der Ankunft ruhig sein, und Ihre freundliche Stimme wird ihr Mut machen, denn einige Junghündinnen sind vor der ersten Paarung sehr nervös.

Es ist bei einem seriösen Zwinger nicht nötig, die Paarung mitanzusehen, denn Sie können sicher sein, daß der Rüde, den Sie auswählten, benutzt wird.

Einige Züchter bitten allerdings den Besitzer, dabeizusein und sogar die Hündin zu halten. Wenn Sie wünschen, eine Paarung mitanzusehen (als Vorbereitung auf den Tag, wo Sie einen eigenen Deckrüden haben werden), bin ich sicher, daß man damit einverstanden ist.

Nach der Paarung gönnen Sie Ihrer Hündin vierundzwanzig Stunden Ruhe, und lassen Sie sie erneut decken.

Wenn Ihre Hündin ein Haustier ist, also nicht im Zwinger gehalten wird, beobachten Sie sie ständig. Erlauben Sie es ihr nie, beim Spaziergang aus Ihrem Gesichtskreis zu verschwinden. Ist sie allein, dann muß sie unter Verschluß bleiben, beispielsweise wenn Sie nicht zu Hause sind. Sonst würden Sie schnell entdecken, daß sämtliche Ortswüstlinge zu Besuch kommen und bemerkenswerte Initiative zeigen. Wenn Sie Pech haben sollten und es zum unerwünschten Decken gekommen ist, gehen Sie sofort mit Ihrer Hündin zum Tierarzt – je früher, desto besser.

Wenn Ihre Hündin wieder frei ist, ein normales Leben zu führen, geben Sie ihr weiter ihre übliche große Mahlzeit pro Tag. Im zweiten Monat der Trächtigkeit gehen Sie auf zwei Mahlzeiten täglich über. Bei aller Sorge um die Ernährung der Hündin sollten Sie nicht zu Sonderkonzentraten greifen, denn Sie würden den Wuchs der Welpen zu sehr fördern, was Schwierigkeiten beim Werfen mit sich bringt.

Für diese Zeit rate ich Ihnen, sich mit einem guten Fachtierarzt für Kleintiere in Verbindung zu setzen, der hat eine für Hunde und Kleintiere eingerichtete Praxis. Sprechen Sie ihn persönlich an, treten Sie ihm wie Ihrem Hausarzt entgegen, den Sie in Krisenzeiten um Rat und Hilfe bitten können. Teilen Sie ihm den genauen Decktag der Hündin mit. Er wird den vermuteten Geburtstermin in seinem Kalender für den Fall eines Besuchs eintragen.

Wenn irgend möglich, sollte die Hündin vom 57. Tag nach der Paarung bis zum Werfen unter Ihrer Obhut sein. Sie sollten sie sogar nachts mit in Ihr Schlafzimmer nehmen. Diese Rasse verhält sich nicht so wie viele andere, die zu dieser Zeit gern in Ruhe gelassen werden, und beim Einsetzen der Eröffnungswehen eilen sie oft zu demjenigen, den sie am besten kennen. Sie haben dann gern Gesellschaft und Hilfe.

Aussteller entfernen nichts vom langen Haarkleid, sie machen nur das Gesäuge frei. Doch ist es für das erste Mal empfehlenswert, so viele Haare zu entfernen, wie für Hygiene und Sauberkeit nötig ist. Ich habe sämtlichen Zuchthündinnen immer die Hinterhandbehaarung (Hosen) abgeschnitten, damit man ohne Mühe nach dem Wurf täglich das Hinterteil waschen kann.

Welpen im Zwinger von Yün-Pe-Fu

Anzeichen der bevorstehenden Geburt

Ein wichtiges Merkmal für ein bevorstehendes Werfen ist die Körpertemperatur, die Sie wiederholt mit dem Fieberthermometer im Mastdarm kontrollieren. Bereits einige Tage vor dem Werfen beginnt die Temperatur von ihrer gewohnten Norm (um 38,5 °C) auf niedrigere Werte zu sinken. 18 bis 24 Stunden vor dem Geburtsbeginn erreicht sie den niedrigsten Wert, der noch unter 37 °C liegen kann. Mit dem Einsetzen der Eröffnungswehen steigt sie allmählich wieder an, um mit dem Austreiben des ersten oder zweiten Welpen ihre ursprüngliche Höhe zu erreichen. Zu den weiteren Anzeichen der bevorstehenden Geburt gehört das Einschießen der Milch in das Gesäuge. In manchen Fällen setzt die Milchbildung allerdings auch erst nach der Geburt ein. Als Zeichen der starken Durchsaftung und Auflockerung der Geschlechtsorgane schwillt die Scham an und senkt sich, die Flanken fallen ein.

49

Champion Chuffy's Edwina of Lin-Pearl

Auch das Verhalten der Hündin ändert sich: Sie wird unruhig und kratzt mit den Vorderbeinen, um sich ihr Nest zu bauen. Ich habe stets einen großen Korb parat, in dem ich meine Hündinnen werfen lasse. Darin sind reichlich Tücher und Decken, damit sie richtig kratzen können. In den letzten Stunden vor dem Werfen verweigert die Hündin gewöhnlich die Nahrungsaufnahme. Der den Muttermund der Gebärmutter verschließende Schleimpfropf beginnt sich zu lösen, der Muttermund öffnet sich, und aus der Scheide entleert sich ein zähflüssiger, glasklarer Schleim.

Der Geburtsakt

Das Werfen läuft in zwei Phasen ab: das Eröffnungs- und das Austreibungsstadium. Natürlich ist das Wichtigste in dieser Zeit Ruhe. Vor allem Sie sollten sie bewahren, denn Ihre Nervosität überträgt sich auf Ihre Hündin. Denken Sie daran, daß eine Geburt etwas Natürliches und keine Krankheit ist. Sprechen Sie ganz ruhig mit Ihrer kleinen Pekingesin, und machen Sie ihr Mut.

Mit Beginn der Eröffnungswehen wird Ihre Hündin unruhig. Sie schaut sich nach ihrem Leib um und entleert mitunter kleine Mengen Harn und Kot. Die Eröffnungswehen haben den Zweck, den Gebärmutterhals zu weiten und zu dehnen, um den Durchtritt der Welpen in die Scheide zu ermögli-

chen. Diese erste Geburtsphase dauert bis zu acht Stunden.

Das Austreibungsstadium wird mit dem Eintritt des ersten Welpen in die Scheide eingeleitet. Die in regelmäßiger Folge wellenförmig auftretenden Wehen pressen den Welpen durch den Geburtsweg nach außen. Da es hierbei zur Dehnung von nervenreichem Gewebe der Scheide und der Scham kommt, ist die Geburtsphase schmerzhafter als das Eröffnungsstadium. Ihre Hündin wird beim Austritt des Welpen schreien. Doch denken Sie daran: Ruhe ist wichtig. Reden Sie beruhigend auf sie ein!

In der Schamspalte wird häufig als erstes die Fruchtblase sichtbar. Sie ist die äußere Umhüllung der Frucht. Im Fruchtwasser schwimmt das Junge, eingehüllt in einem zweiten dünnen und durchsichtigen Häutchen. Durchschnittlich ein bis drei Stunden nach Beginn der Austreibungswehen kommt es zum Blasensprung. Das austretende Fruchtwasser macht den Geburtskanal schlüpfrig und erleichtert das Herausgleiten des Welpen, der noch von der zweiten Fruchthülle umschlossen ist. Die Welpen werden meist im geschlossenen Amnionsack geboren. Ich habe es aber auch erlebt, daß Welpen ohne Amnionsack geboren wurden, der dann schon in der Scheide gerissen war und mit der Nachgeburt am Nabel des Welpen hing.

Meine Praxis ist es, sofort die

Fruchthülle zu zerreißen und die Nabelschnur mit einer Zange und einer sterilisierten Schere ungefähr zweieinhalb Zentimeter vom Körper des Welpen entfernt durchzuschneiden. Neben dem Wurfkorb liegt stets ein Stapel frischer Frotteetücher. Nehmen Sie ein Frotteetuch und rubbeln Sie den Welpen mit festem Griff ab, bis er schreit – dadurch können Sie besser das Mäulchen und die Nase von Schleim und Fruchtwasser befreien.

Die Gesamtdauer einer normalen Geburt beträgt etwa sechs bis acht Stunden. Bei Hündinnen, die öfters geworfen haben, ist die Zeit oftmals erheblich kürzer. Ist das Werfen nach dem Ablauf von zwölf Stunden nicht beendet, sollte der Tierarzt zu Rate gezogen werden.

Sicher brauche ich nicht hervorzuheben, daß äußerste Sauberkeit während dieser Zeit geboten ist. Sobald es möglich ist und ohne die Hündin dabei aufzuregen, waschen Sie sie sanft mit Schwamm und warmem Wasser überall dort, wo es nötig ist. Eine einfache Babyseife ist sogar dem mildesten Desinfektionsmittel vorzuziehen.

Jetzt sollten sie erst recht für Ruhe sorgen und jede Aufregung vermeiden. Sie werden nach der Geburt eine totale Verwandlung bei der Hündin feststellen. Die recht nervöse kleine Hündin, die Ihre Gesellschaft und Hilfe sucht, hat – sobald sie ihre Welpen zur Welt gebracht hat – Zeit für nichts und niemanden. Sie sollte in absoluter Ruhe in einem abgedunkelten Raum gehalten werden. Damit meine ich kein trübes Zimmer, sondern eines, das Ruhe ausstrahlt.

Noch ein wichtiger Punkt: Sie können der Hündin während des Werfens und auch danach etwas Wasser reichen, doch nie Milch, auch kein Milchfutter.

Für die Aufzucht der Welpen habe ich große Kisten mit einer hohen Umrandung verwendet, um die Familienmitglieder zusammenzuhalten, sobald sie anfangen herumzukriechen. In den Kisten befindet sich eine Trennwand, auf der ein Heizkissen befestigt ist, das ständig auf der ersten Heizstufe läuft. Es ist umwickelt mit sauberen Tüchern, die täglich gewechselt werden. Auf dem Boden eines Abteils liegt Zeitungspapier, auf dem Sie der Hündin Nahrung und Flüssigkeit reichen.

Sie müssen nicht erwarten, daß sie ihr Futter mit einem Schlag verputzt: Sie wird ein Häppchen zu sich nehmen und dann sofort zurückkehren, um – wie man sagen könnte – ihre Welpen zu zählen.

Lassen Sie das Futter eine Stunde stehen. Dann entfernen Sie es ohne Rücksicht auf die Reaktion. Tischen Sie nie alte oder aufgewärmte Reste auf. Wenig, aber gut und frisch – das ist es, was die Hündin braucht. Halten Sie ständig frisches Wasser in der Box

Lootie, nach einem Ölgemälde von Fredrick William Keyl. Er war der erste Pekingese in Großbritannien und gehörte der Queen Victoria

parat. Ihre Hündin wird nach dem Werfen stark hecheln und benötigt deshalb mehr Flüssigkeit.

Passen Sie auf die Welpen auf und vor allem auf die Hündin, denn nur mit ihrer Hilfe bleiben die kleinen Pekingesen am Leben. Auch wenn Ihre Hündin nur ein wenig unwohl aussieht, versuchen Sie nicht, mit hausgemachten Experimenten zu helfen, sondern schalten Sie sofort den Tierarzt ein, sonst könnte es für die junge Hündin zu spät sein. Ein Ärgernis für den Tierarzt sind anfällige Tiere, die obendrein der Pflege unerfahrener Züchter ausgesetzt sind, bis dann der Augenblick der Verzweiflung kommt und vom Tierarzt das Wunder erwartet wird. Wie ich schon sagte, ist die Hündin gern allein nach dem Werfen. Die einzigen Leute, die für sie sorgen sollten, sind diejenigen, die sie kennt und denen sie traut. Wie aber verhält sich das mit dem fremden Tierarzt, werden Sie fragen. Es ist eine überraschende Tatsache, daß auch die ängstliche, nervöse und mißtrauische Hündin den Tierarzt in der Notlage als Helfer akzeptiert. Ich kann nicht erklären, wieso, aber es ist so.

Aufzucht der Welpen

Nach vier Wochen können Sie der Mutter dabei helfen, die Welpen zu ernähren, indem Sie mit der Zufütterung in sehr kleinen Mengen beginnen. Verwenden Sie irgendeine der bekannten Marken von Sonderwelpen- oder Babynahrung. Bis die Welpen vier Monate alt sind, gilt die Devise „wenig und oft". Bereiten Sie frisches Milchfutter für die Welpen zu jeder Mahlzeit, und kommen Sie nicht in Versuchung, Reste, die abgelehnt worden sind, wieder anzubieten. Halten Sie die Töpfe und Näpfe blitzsauber. Ich habe beste Erfahrungen mit Spezial-Welpenfutter gemacht, das man in jedem einschlägigen Geschäft kaufen kann. Achten Sie aber darauf, daß im Futter niemals rohes Schweinefleisch enthalten ist! Dieses kann einen Virus enthalten, der für Menschen unschädlich, für Hunde aber unbedingt tödlich ist.

Ausstellungswesen

Rassehundeausstellungen in Deutschland unterstehen dem Verband für das Deutsche Hundewesen e.V. (VDH), und damit auch der Fédération Cynologique Internationale (F.C.I.) mit Sitz in Thuin (Belgien). Nur vom VDH anerkannte Ausstellungen sollten wir mit unserem Pekingesen besuchen. In Städten mit kynologischer Tradition werden diese regionalen Ausstellungen meist jährlich abgehalten, mindestens jedoch alle zwei Jahre.

Es ist faszinierend, mit welchem Elan und Idealismus sich Menschen mit der Organisation dieser Ausstellungen befassen.

Das größte Hundefestival in jedem Jahr – Höhepunkt der Ausstellungssaison – ist im Herbst die „Bundessiegerzuchtschau", die vom VDH selbst in Dortmund abgehalten wird. Diese größte Schau des Jahres mit unübertroffen hohen Meldezahlen findet seit 1977 statt. Die zweitgrößte Schau des VDH ist im Frühjahr die Europasiegerschau, die Jahr für Jahr an Beliebtheit gewinnt.

Das Fachorgan „Unser Rassehund", das monatlich erscheint, vermerkt die Vorankündigungen für diese Ausstellungen, komplettiert mit den Adressen der Ausstellungsleitungen, von denen Sie ihre Meldeformulare anfordern können. Bekannte Aussteller bekommen die Formulare sogar unaufgefordert zugesandt. Man füllt sie sorgfältig aus, möglichst mit der Schreibmaschine, anhand der „Personalien" seines Hundes, die man dem Stammbaum entnehmen kann. Dazu gehören das Geschlecht, die verlangte Zuchtbuchnummer, das Wurfdatum, Name und Adresse des Züchters, der Name des Besitzers und eventuell die Siegertitel des gemeldeten Hundes.

Die Ausstellungsordnungen besagen, daß der Hund erst nach Beendigung der Ausstellung aus der Box entfernt werden bzw. das Gelände verlassen darf. Das hat folgenden Grund: Rassehundeausstellungen sind öffentliche Veranstaltungen, zugänglich für jedermann, für die in Presse, Fernsehen, Rundfunk und auf Plakaten geworben wird. Es kommen also auch Besucher, die sich die ausgestellten Hunde anschauen möchten. Der Besucher zahlt Eintrittsgeld, kauft einen Katalog und wäre enttäuscht, wenn er schon am frühen Nachmittag nur noch leere Boxen oder vereinzelt Hunde vorfindet. Der Aussteller und Züchter weiß zwar, daß die Ausstellungen für seine Rasse werben. Dennoch sind viele bestrebt, nach der

55

Int. Ch. Mi-Lei-Fu Emprise

Bewertung schnell nach Hause zu kommen. Auch das geduldige Beantworten von Fragen zu einer Rasse gehört zur Ausstellung. Oft werden die Fragen im Laufe des Tages von mehreren Besuchern gestellt. Dann muß sich der Aussteller vor Augen halten, daß die Besucher einzeln als Laien erscheinen und eben wegen der Hunde zur Ausstellung kommen. Auch der erfahrene Züchter hat irgendwann begonnen, sich für eine Rasse zu interessieren, und auch er lernt auf jeder Rassehundausstellung etwas dazu. Wo stünde er mit seiner

Zucht, wenn der Vergleich auf den Ausstellungen fehlen würde?

In der Jüngstenklasse kann man schon nach Ablauf des 6. Lebensmonats ausstellen. Ist ein Pekingese zwischen 9 und 15 Monate alt, gehört er in die Jugendklasse (abgekürzt JK). Dort ist die Konkurrenz gleichaltrig, also auch in gleichem Maße unfertig. Ist er älter und entsprechend ausgeformt, was beim Pekingesen in der Regel mit zwei Jahren der Fall ist, kann er in der Offenen Klasse gemeldet werden, wo er auf große Konkurrenz treffen wird. Hat Ihr Pekingese schon einen Siegertitel – Deutscher Champion, Bundessieger, Europasieger, Internationaler Champion –, so melden Sie ihn in der Siegerklasse. Auf vielen der großen internationalen Ausstellungen in Deutschland schließt unser Klub Sonderschauen an, auf denen das klubeigene CAC vergeben wird, das für den Titel Deutscher Champion Voraussetzung ist. Spezialrichter werden für diese Rasse eingesetzt, die vom Klub besonders ausgebildet worden sind – erfahrene Kynologen mit großem Wissen über die Rasse.

Aussuchen des Pekingesenwelpen für die Zucht

Wie schon geschildert, habe ich in der Zeit seit Bestehen meines Zwingers die erste Entscheidung, ob ich einen Hund behalten wollte, bei einem Alter von zwölf Wochen, und die zweite Wahl bei sechs Monaten getroffen. Ich möchte Ihnen für diese Entscheidung einige Tips geben, mit denen ich am besten gefahren bin: Ich habe als erstes auf das Temperament geachtet. Haben Sie einen ängstlichen Welpen, der sich – wenn Sie mit ihm sprechen – verängstigt in seine Wurfkisten-Ecke verkriecht, behalten Sie ihn nicht. Sie werden größte Schwierigkeiten auf Ausstellungen mit ihm haben, ganz gleich wie schön er ist. Er wird sich schwer zeigen und meist ängstlich sein. Das Gegenteil ist der „Spin-

ner", der ständig in Bewegung sein und immer raufen und toben muß. Unter größten Schwierigkeiten kann man einen Typ von Hunden präsentieren, der im Ring ständig auf dem Boden schnüffelt, und mit größter Schwierigkeit kann man auch als Richter diese Hunde beurteilen.

Nehmen Sie den ausgeglichenen Welpen, den man ruhig auf den Tisch stellen kann. Beginnen Sie früh mit dem Training für die Schau, lassen Sie ihn ruhig von anderen anfassen. Das macht sich später im Ring bemerkbar. Betrachten Sie Ihren Pekingesenwelpen von der Front her: Achten Sie darauf, daß die Brust zwischen den Vorderbeinen weit ist, daß die Beine niedrig, aber gut gebogen und natürlich fest sind. Sie können das prüfen, indem Sie Ihren Welpen unter das Kinn fassen, ihn hochheben und zurück auf den Tisch plumpsen lassen. Biegen sich seine Vorderbeine nach vorn, so ist dies ein Zeichen für lose Schultern. Behalten Sie diesen Welpen nicht. Lose Schultern sind erblich und äußerst schwer aus der Zucht herauszubekommen. Auch gerade, lange Beine sind ein markanter Fehler. Ein solcher Hund wird ein guter Begleithund sein, er ist aber für die Zucht uninteressant.

Achten Sie auf den Standard, der im Grunde alles aussagt. Sehr wichtig ist der Kopf, denn der Pekingese ist ein Kopftyp. Wir unterscheiden zwischen Rüdenkopf und Hündinnenkopf. Der

57

Hündinnenkopf ist fein, bei gleicher Qualität wie der Kopf des Rüden soll er jedoch feminin sein. Jeder soll auf Anhieb sehen, daß es sich um eine Hündin handelt. Es gibt Hündinnen mit massigen Köpfen, die ich auch stets für die Zucht gebraucht habe. Diese Hündinnen geben Typ, aber für die Ausstellung lege ich Wert auf eine feminine, feine Hündin. Rüden dagegen sollen einen maskulinen Kopf haben – keinesfalls plump, schwer und ohne Adel –, aber man soll auf Anhieb den Rüden sehen. Selbstverständlich müssen die Köpfe harmonisch zum gesamten Körper passen. Ein noch so guter Hündinnenkopf auf einem zu schweren Körper wäre ebenso falsch wie ein sehr guter Rüdenkopf auf einem zu kleinen Körper. Der korrekte Kopf eines Pekingesen ist flach und rechteckig, also breiter als hoch.

Auf gleicher Linie wie das flache Schädeldach sitzt das korrekt angesetzte Ohr, das leicht nach vorn gekippt ist. Abstehende oder zu hoch angesetzte Ohren sind fehlerhaft.

Die Augen sind groß, dunkel und weit auseinanderliegend. Keinesfalls dürfen sie froschähnlich heraustreten. Das Auge darf kein Weiß zeigen, es ist rund und nie oval oder länglich.

Die zwischen den Augen plazierte Nase liegt mit dem oberen Nasenrand (Nasenrücken) genau in der Augenlinie. Der Nasenrücken ist kurz, und zwar so kurz, daß er nicht sichtbar wird. Die Rolle, die über die Nase läuft, verdeckt ihn. Ich habe nur Welpen behalten, die eine durchgehende Nasenfalte hatten. Unterbrochene Nasenfalten geben dem Pekingesen einen groben Ausdruck. Achten Sie auf einen guten, breiten Kiefer.

Obwohl es verpönt ist, als Richter bei Pekingesen in den Fang zu sehen, ziehe ich sechs Schneidezähne im Unterkiefer vor, und auch einen leichten Vorbiß. Natürlich darf Ihr Pekingesenwelpe weder Zähne noch Zunge zeigen. Einen perfekten Lippenschluß erkennen Sie schon im Welpenalter. Achten Sie darauf, daß der Nacken Ihres Welpen kurz ist. Schwanenhälse bei Pekingesen stören den Gesamtausdruck.

Ein gerader, kurzer Rücken ist unumgänglich. Der alte Züchterglaube, eine Hündin mit langem Rücken werfe besser, ist falsch. Ich habe fast immer Hündinnen mit kurzem Rücken für die Zucht genommen, die phantastisch warfen. Ich glaube, wichtig dafür ist allein die Beckenöffnung. Was nützt ein langer Rücken, wenn das Becken zu schmal ist? Champion Cuffy's Edwina of Lin-Pearl war eine wichtige Hündin in meinem Zwinger. Sie hatte den langen Rücken, aber Probleme beim Wurf. Ganz anders Brabanta San Maria, die extrem kurz war. Sie warf so flott, daß man einen Vergleich mit der Kegelbahn anstellen mochte.

Achten Sie nie auf das Welpenhaar, es wird stets ersetzt durch das Dauer-

Mingulay Oscar ist Deutscher Champion, Bundessieger und Europasieger

haar. Wenn Sie auf eine seriöse Linie züchten, werden Ihre Welpen und die später erwachsenen Hunde immer ein ansprechendes Fell haben. Man hat keinen Einfluß auf das Wachstum des Haarkleides, vielmehr ist dies genetisch bedingt. Darum mein Ratschlag: nur das Beste ist gut genug.

Bürsten und Pflegen des Pekingesen für die Ausstellung

Das wichtigste für einen Ausstellungspekingesen ist das Groomen (bürsten und pflegen) und die absolute Sauberkeit. Ich habe dies schon erwähnt. Doch ist zwischen normalem Groomen und Show-Groomen zu differenzieren. Das Show-Groomen bringt Hunde und Haar für die Zeit der Ausstellung in Hochform.

Ich berichte hier, wie ich dieses Problem in meinem Zwinger gelöst habe: ein gutes Haarwasser, zur Hälfte verdünnt mit Regenwasser, und ein guter Talkum-Puder sind Grundlage für gutes Groomen. Eine Stunde vor Beginn des Richtens befeuchten Sie das Haar, ohne es zu durchnässen. Dabei ist es wichtig, das Haar bis auf die Haut zu erfassen. In das angefeuchtete Haar wird nun – am Kopf beginnend – der Puder eingebracht. Mähne, Ohren, Rute und Hosen sind besonders gründlich einzupudern. Bitte heben Sie das Haar gegen den Strich an, und pudern Sie das Fell ein. Nun nehmen Sie die Sache „ganz in die Hände" und verteilen den Puder im ganzen Haar.

Bürsten Sie dann den Puder aus, und zwar stets gegen den Strich, die Mähne an den Ohren und den Seiten hoch, den Oberkopf flach. Bürsten Sie die Körperhaare der hinteren Hälfte schmal zusammen, damit bekommen sie die typische Löwenfigur.

Die Hosen bürsten Sie nach unten, die Behaarung der Rute über den Rücken.

Achten Sie darauf, daß die Fransen der Vorderbeine nicht zu lang sind. Es könnte sonst der Eindruck entstehen, daß Ihr Pekingese lose Vorderbeine hat. Dünnen Sie darum die Fransen ruhig aus. Wichtig ist, daß die Fußballen gut ausgeschnitten sind. Viele Züchter haben die Unart, die Fransen an den Füßen zu lang wachsen zu lassen. Dadurch wird das Gangwerk gestört, und Ihr Pekingese wird sehr unsicher laufen. Stellen Sie sich vor, sie hätten zu große Socken an. Dann wissen Sie in etwa, wie es Ihrem Pekingesen ergehen könnte.

Mit einem trockenen Lappen trocknen Sie noch einmal das Gesicht Ihres

Hundes – und dann geht es ab in den Ring.

Das Präsentieren des Pekingesen im Ring

Jeder Aussteller wird sich natürlich bemühen, seinen Pekingesen in der besten Kondition und gut zurechtgemacht auf der Ausstellung im Ring dem Zuchtrichter zu präsentieren. Das Vorführen setzt aber nicht nur beste Pflege voraus, sondern auch das Wissen des Besitzers, wie die Vorbereitung des Pekingesen auf gute Leinenführigkeit, Gebißzeigen, Stehen und Unterdrückung von Rauflust anderen Hunden gegenüber aussehen muß.

In England, dem klassischen Hundeland, kann es einem Besitzer, dessen Hund sich nicht einwandfrei im Ring präsentiert – der also bockig ist, an der Leine tanzt, sich ziehen läßt und ähnliches mehr –, passieren, daß er gebeten wird, den Ring zu verlassen und seinen Hund bis zur nächsten Ausstellung erst einmal „ringreif" zu machen. Es ist eine Unhöflichkeit dem Richter und den Konkurrenten gegenüber, mit einem unerzogenen Hund im Ring zu erscheinen. Deshalb ist es angebracht, erst einmal kleinere Ausstellungen zu besuchen, um sich mit allen Gegebenheiten vertraut zu machen.

Man füttert den Hund nie vor der

Jugendchampion Suntoy Debbie Trumps upp, Junghündin im Alter von 14 Monaten

Ausstellung, läßt ihn so wenig wie möglich allein und wirkt beruhigend auf ihn ein. Seien Sie selbst nie nervös, denn Ihre eigene Nervosität überträgt sich auf Ihren Hund. Bürste und ein kleiner Lappen müssen zur Hand sein, wenn Sie in den Ring gehen, um dem Haarkleid kurz vorher den letzten kleinen Schliff zu geben. Spielzeug in den Ring mitzunehmen, damit Ihr Pekingese marschiert, ist verpönt.

Wenn „die Klasse", das sind alle in der gleichen Altersgruppe gemeldeten Hunde eines Geschlechts, in der Reihenfolge der Katalognummer einige Male im Ring marschiert ist, kommen die Hunde auf den Tisch zur Einzelbeurteilung durch den Richter (und eventuell anwesenden Richteranwärter). Ist man auf dem Tisch fertig, tritt man mit seinem Hund beiseite und wartet weitere Order vom Ringhelfer ab.

Die Bewertungskarten und Richterberichte erhält man meist nach dem

61

Richten, sie werden vom Ringhelfer ausgeteilt. Die Bewertungskarte bringt man an der Box an, und zwar so, daß andere Aussteller und Zuschauer sie sehen können. Nach dem Richten habe ich dann immer gefüttert. Ihr Pekingese wird dies als Lob ansehen.

Folgende Formwerte werden vom Richter vergeben: Die Note „Vorzüglich" (V), die voraussetzt, daß der Hund in seiner Gesamterscheinung höchste Vollkommenheit aufweist, dem Rassestandard in vollendeter Weise entspricht und dem Idealtyp der Rasse so nahe wie möglich kommt. Das Prädikat „vorzüglich" wird in der Jugendklasse in Deutschland bei den meisten Verbänden nicht vergeben.

Manche Klubs erteilen es, wenn es sich um einen weitgehend ausgeformten, besonders schönen und korrekten Hund handelt.

Die Note „Sehr gut" (SG) besagt, daß der Hund in seiner Gesamterscheinung fehlerfrei ist, dem Rassestandard in hohem Maße entspricht, aber aufgrund geringfügiger Fehler nicht die höchste Bewertung erreichen kann.

Die Note „Gut" (G) bekommt der Hund, der dem Rassestandard noch entspricht, dessen Zuchtwert aber durch kleine Mängel und Fehler eingeschränkt ist.

Die Note „Genügend" (Ggd) erhält ein Hund, der zwar noch den Rassekennzeichen entsprechen kann, dessen Fehler aber mit dem Zuchtwert nicht in Einklang zu bringen sind. Ein „Genügend" kann auch substanzarmen, nicht ihrem Alter entsprechenden Junghunden gegeben werden.

Die Note „Nicht Genügend" (NGgd) erhält ein Hund, wenn ihn erhebliche Fehler von der Zuchtverwendung ausschließen. Hierbei handelt es sich meist um Hunde, die nicht dem Idealbild des Standards entsprechen.

Ein Siegertitel setzt die Formwertnote „Vorzüglich" voraus.

Das Richten des Pekingesen

Diese Richtlinien sind von der mittlerweile verstorbenen Mrs. Quigly, die den berühmten Zwinger Orchard-Hill besaß, geschrieben worden, und mit ihnen hat sich vor einigen Jahren Charlotte Kasper ausführlich beschäftigt. Ich selbst habe mich stets an ihre Ausführungen gehalten.

Unser Standard hat niemals gewechselt, aber Richter kommen und gehen, und als Spezialrichterin für den Pekingesen trete ich dafür ein, daß jeder „Neue" den Standard studieren und wieder studieren sollte. So zählen wir nur 15 Punkte für Haar, Befederung und Kondition. Denn der Pekingese ist das, was wir einen Kopftyp nennen. Und deshalb entfallen 40 von 100 verfügbaren Punkten auf den flachen Schädel, die breite Schnauze, die Augen und was sonst zum Kopf gehört. Ich will daraus nicht folgern, daß ein Hund nur aufgrund der Anzahl seiner „Kopfpunkte" gewinnen sollte, doch Richter sind gelegentlich mehr von Haar und Glamour beeindruckt als vom Körperbau und einem perfekten Kopf. Das mag mit dazu beitragen, daß viele Pekingesen heute einen schmalen Unterkiefer mit einer „Andy Gump"-Schnauze statt gut schließender Lefzen haben.

Nun zu der korrekten Schnauze. Das Thema ist viel diskutiert worden, und ständig kamen Proteste von Züchtern, die ihre Pekingesen ausstellten, weil einige Allroundrichter immer noch die Schnauze des Pekingesen öffneten, was nicht gefährlich ist. Alle Allrounder taten dies in der Vergangenheit, doch kein Richter, der auch Züchter der Rasse ist, öffnete einem Pekingesen die Schnauze, es sei denn, sie war schief.

Wird die Zunge gezeigt oder sieht die Schnauze schief aus, kann der Richter den Aussteller bitten, die Schnauze des Hundes zu öffnen. Doch gibt es dafür keinen Grund. Schwerwiegende Fehler sind ohnehin erkennbar, ein Öffnen der Schnauze ist dazu nicht notwendig. Der vorbeißende Unterkiefer verhilft zu der breiten „Kylin-Schnauze", die vom Standard gewollt ist (Kylin hießen die Löwenhunde des alten China.) Ein schwerwiegender Fehler ist der vorstehende Oberkiefer mit den dann hängenden Lefzen (verkürzter Unter-

kiefer). Dieser Fehler ist leicht zu erkennen, das Öffnen des Fanges ist auch dabei überflüssig. Gut schließende Lefzen und eine breite Schnauze sind von außen sichtbar.

Der Protest hat außerdem einen handfesten Grund: Ein erzwungenes Öffnen der Schnauze kann zum Bruch des Unterkiefers führen. Der Unterkiefer ist leicht zu zerbrechen, denn die Knochen sind im Gelenk nur lose miteinander verbunden. Muß ein Fang geöffnet werden, dann darf der Unterkiefer niemals nach unten gedrückt werden, denn dies bewirkt die Katastrophe. Um die Schnauze zu öffnen, führt man die Finger ganz vorsichtig in die Ecken des Fanges und hebt den Oberkopf an.

Kommen wir zu weniger problematischen Punkten: Sehr erwünscht sind offene Nasenlöcher. Kein Züchter wünscht eingedrückte Nasen oder enge Nasenöffnungen. Die Nase hat eine wichtige Rolle in der Körperfunktion. Nach Meinung der Tierärzte spielt nicht allein die Größe der Nasenlöcher eine Rolle, sondern auch das, was dahinterliegt: Große Nasenlöcher nützen nichts, wenn die Nasengänge zu sehr verengt sind.

Ein überreich behaarter Pekingese ist eine richtige Falle für einen Richter am Beginn seiner Laufbahn. Mit einer gekonnten „Grooming"-Technik kann der Züchter Fehler seines Hundes verdecken, so den runden Kopf, die lose Vorderhand, den langen Rücken. Es

Weiße Pekingesen aus dem Zwinger „von Jün-Pe-Fu" mit der Autorin

ist nicht leicht, bei dem über und über behaarten Pekingesen den geraden Rücken und den Umriß des Körpers zu erkennen. Steht man hinter dem Hund und sieht vorwärts über den Kopf, dann ist allerdings der birnenförmige Körper leicht anzusprechen. Front und Brustkorb sind breiter als die Hüfte. Pekingesen, die in der Lendengegend genauso breit sind wie in der Brust, haben nicht den löwenförmigen Körper, den der Standard vorschreibt.

Ein Richter, selbst Züchter, der sich zwischen zwei Pekingesen mit der gleichen Punktzahl zu entscheiden

hatte, sagte einmal zu dem unterlegenen Besitzer den klugen Satz: „Es war sehr schwer zu entscheiden: Beide Hunde sind wirklich hervorragend, aber das überreichliche Haar des zweiten bringt seinen Körper aus der Form." Wir alle wünschen gutes Haar und Behänge, aber nicht überflüssiges Haar, das den Körperbau verdeckt.

Ich bin der Ansicht, daß ein Richter sehr auf Gestalt und Ausgeglichenheit achten soll, besonders auf eine breite und tiefe Brust mit gut geformten Rippen. Ein enger Brustkorb und schlecht gewölbte Rippen sind gleichbedeutend mit einem schmächtigen

Körper. Das ist ein schwerwiegender Fehler, der nur schlecht wieder herauszuzüchten ist. Als Richter wird man genau den Brustkorb abfühlen, um den korrekten Bau zu bestimmen. Es genügt also nicht, ohne Abtasten der Rippen den Hund nur nach Kopf, Haar und äußerem Erscheinen zu bewerten.

Ein guter Richter ist redlich bemüht, den Hund im Gesamtbild zu bewerten. Es zählt nicht nur eine auffallend gute Eigenschaft oder ein Fehler. Ein Richter wird vor allem niemals einen Pekingesen mit hellen Augen besser als einen Hund mit einem kleinen hellen Fleck auf dem Auge einstufen. Das erste ist ein angeborener Fehler, der helle Fleck dagegen eine Verletzung nach einem Unfall (Beißerei).

Auch setzt ein Richter – wie der Züchter auch – einen Hund mit schmalem Unterkiefer voller engstehender Zähne nicht vor einen Hund mit korrektem Fang, dem vielleicht einige Zähne nach Krankheit, Unfall oder von Geburt an fehlen. Auch wird ein Richter einen Hund mit geraden Beinen und schmaler Brust einem Hund mit niedrigen, gut gebogenen Beinen, auch wenn er ganz leicht ausdreht, nicht vorziehen. Im ersten Fall handelt es sich um einen schweren Fehler, im zweiten läßt der Mangel sich herauszüchten.

Für den Richter gilt, daß er dem ersten optischen Eindruck nicht zuviel Bedeutung beimißt: Ein ins Auge fallender Pekingese mit fehlerhaftem Gebäude, aber weichem Haar – fast einer Schaumflocke gleich – muß hinter einem Pekingesen zurückstehen, der gutes, aber nicht zu weiches Haar, gewölbte Rippen und einen guten Körperbau hat.

Das Richten bedeutet eine große Verantwortung. Von allen Toy-Rassen ist der Pekingese am schwersten zu bewerten. Als neuer Richter muß man zuerst den korrekten Typ und Kopf erlernen, dann den Blick für Substanz, Ausgeglichenheit und gesundes Gangwerk bekommen. Haarkleid, „Grooming" und das Sich-Zeigen im Ring sind erst an dritter Stelle wichtig.

Ernährung

Die wildlebenden Ahnen unseres Hundes waren Jäger. Sie verzehrten ihre Beute mit Haut und Haar. Bevorzugte Leckerbissen waren die Innereien. Magen und Darm ihrer Beutetiere enthielten auch vorverdaute Pflanzen und wichtige Vitamine.

Wölfe und Wildhunde fraßen also nicht nur Fleisch. Genauer wäre die Bezeichnung „Tierfresser". Aus Untersuchungen des Mageninhaltes wissen wir, daß darüber hinaus praktisch alles auf dem Speisezettel stand, was die Natur bot: Früchte, Samen und Gräser, Frösche und Schlangen, selbst Insekten wurden verzehrt. Nur so konnten der Hunger gestillt und genügend Vitamine und Mineralstoffe aufgenommen werden.

Angemessene artgemäße Nahrung

Deutscher und Internationaler Champion Antoschek of Tsin-ling-schan

hat der Hundehalter seinem Hund nach dem Tierschutzgesetz anzubieten. Unkenntnis und falsch verstandene Tierliebe können leicht zu Tierquälerei führen: Der Hund ist kein Resteverwerter.

Mit Süßigkeiten ist ihm nicht gedient. Falsche Ernährung kann Fettsucht, innere Erkrankungen oder Hautkrankheiten verursachen. „Angemessen" ist nur eine gesunderhaltende Nahrung.

Die Freßgewohnheiten der Wildtiere zeigen, wie das Futter zusammengesetzt sein muß:

Fleisch ist die Ernährungsgrundlage. Es enthält neben Salzen, Geschmacksstoffen und Vitaminen vor allem Eiweiß. Reines Muskelfleisch oder Herz kann ebenso wie ausschließlich minderwertige sehnige, häutige oder knorpelige Teile zu Verdauungsstörungen führen. „Artgemäß" ist eine aus leichter und schwerer verdaulichen Bestandteilen gemischte Fleischgrundlage. Dazu gehört auch tierisches Fett. Es dient als Energiequelle.

Pflanzen enthalten neben Eiweiß, Vitaminen und Mineralstoffen vor allem Stärke und Zucker. Diese Kohlehydrate liefern ebenfalls Energie. Sie muß aber bei den meisten Nährmitteln durch Erhitzung „aufgeschlossen", das heißt verdaulich gemacht werden. Für Sättigung, Darmfüllung und geregelte Verdauung sorgen unverdauliche Rohfasern, die vor allem in Rohkost, aber auch in Hundeflocken, weniger jedoch in gekochtem Reis enthalten sind. Ungesättigte Fettsäuren aus Pflanzenölen sind vor allem für gesunde Haut und glänzendes Fell wichtig.

Für den gesunden Hund ist eine Ergänzung der Fleischgrundlage durch aufgeschlossene rohfaserhaltige Pflanzenkost das richtige.

Eine vielseitig zusammengesetzte Nahrung enthält auch Vitamine. Das sind Wirkstoffe, die für Stoffwechselprozesse wie Blutgerinnung, Nervenfunktion oder Infektabwehr benötigt werden, die der Körper jedoch selbst nicht produzieren kann. Mineralstoffe und Spurenelemente sind nicht nur für den Knochenbau, sondern auch für viele andere Stoffwechselprozesse unerläßlich.

Eine Wissenschaft für sich?

Erhaltungs- und Leistungsbedarf, Nährwerttabellen, Kalorien und Joule – das ist schon eine Wissenschaft für sich – beflügelt durch die Futtermittelindustrie. Bei allem Respekt wundert sich der Praktiker, daß trotz Unkenntnis und Fehlern früherer Zeiten die Spezies Haushund nicht längst ausgestorben ist. Zum besseren Verständnis genügen folgende Überlegungen: Der Körper des erwachsenen Hundes befindet sich in einem dauernden Umbau. Zur Erhaltung der Körpersubstanz sind daher Eiweißbausteine erforderlich, für die damit verbundenen Stoffwechselvorgänge Energielieferanten, Vitamine und Mineralstoffe. Das Futter soll in der Trockenmasse mindestens ein Drittel Eiweiß und fünf Prozent Fett und höchstens die Hälfte Kohlehydrate enthalten.

Welpen und Junghunde brauchen für ihr Wachstum mehr Nahrung als gleich schwere erwachsene Hunde: bis zum sechsten Monat etwa doppelt soviel und dann immerhin noch 50 Prozent mehr. Ihr Futter soll zu zwei Dritteln, später mindestens zur Hälfte aus Fleisch und anderen Eiweißstoffen bestehen.

Diese Richtwerte gelten nur bei normaler Belastung. Besondere Leistungen erfordern eine Zulage. Als Fleischfresser kann der Hund zwar auch aus Eiweiß Energie gewinnen, die Ausbeute ist jedoch gering (und teuer). Zugelegt werden daher kohlehydrathaltige Futtermittel. Erhaltungs- und Leistungsbedarf sind praktisch nicht zu trennen.

Bei Dauerbelastung kann bis zu viermal mehr Energie als bei Ruhe verbraucht werden.

Die wichtigsten Grundregeln

Die Futterration kann nicht mit der Briefwaage abgemessen werden. Neben Alter und Leistung ist die individuelle Veranlagung des Hundes ausschlaggebend. Es gibt gute und schlechte Futterverwerter.

Ein normal veranlagter, durchschnittlich beanspruchter, erwachsener Pekingese braucht täglich etwa 200 g Fleisch mit 50 g Flocken. Den gleichen Nährwert haben 300 g Dosen-Vollnahrung oder 100 g Trockenfutter.

Bei einem gesunden, gut ernährten Hund sollen die Rippen optisch nicht hervortreten, mit der flachen Hand aber noch fühlbar sein. So kann man „erfühlen", ob etwas Futter zugelegt oder abgezogen werden muß.

Junghunde können die tägliche Futtermenge unmöglich auf einmal aufnehmen. Eine Magenüberladung wäre die Folge. Knochen, Bänder und Gelenke würden zu stark belastet und bleibende Schäden davontragen. Immerhin braucht ein halberwachsener, etwa drei Kilogramm schwerer Pekingese bereits genausoviel Futter wie sein ausgewachsener Artgenosse. Die Ernährung der Welpen erfolgt zunächst genau so, wie der Züchter es gehandhabt und dem Käufer empfohlen hat. Umstellungsbedingte Verdauungsstörungen werden so vermieden. Dem Welpen wird die Eingewöhnung erleichtert. Bis zum Abschluß des Zahnwechsels mit etwa sechs Monaten erhält der Junghund täglich drei, später bis zum Abschluß des Wachstums mit etwa eineinhalb Jahren zwei Mahlzeiten täglich. Der Junghund darf zunächst noch etwas „Babyspeck"

68

Hei Lian von Chiyodajo – 5 Monate alt

haben. Er hilft Krankheiten besser zu überstehen. Mangelernährung in der Jugend ist kaum wiedergutzumachen.

Fresser werden nicht geboren, sondern erzogen: Der erwachsene Hund erhält täglich ein bis zwei Mahlzeiten, je nach Veranlagung. Was in einer Viertelstunde nicht aufgefressen ist, gehört in den Mülleimer. Wichtig ist eine regelmäßige feste Futterzeit, weniger wichtig, ob dies morgens, mit-

tags oder abends ist. Stets soll jedoch der Hund nach dem Fressen ruhen, so wie es auch Wildtiere nach ergiebigem Mahl zu tun pflegen. Bei „Sport und Spiel" besteht die Gefahr, daß sich ein gefüllter Magen verdreht – eine lebensgefährliche Situation.

Das Futter soll vielseitig sein, damit es alle benötigten Nährstoffe enthält. Der Hund braucht aber keine Geschmacksabwechslung. Er kann

69

durchaus dauernd das gleiche Futter erhalten, wenn dies optimal zusammengesetzt ist.

Fertigfutter – sicher, bequem und preiswert

Die Vorurteile gegen Fertigfutter sind überholt. Es entspricht in Eiweißanteil und sonstigen Inhaltsstoffen den wissenschaftlichen Erkenntnissen. Durch moderne Konservierungsverfahren werden Vitamine weniger geschädigt als durch haushaltsübliches Kochen. Krankheitserreger im Fleisch werden bei der Herstellung abgetötet. Ein weiterer Vorteil ist die praktische Vorratshaltung. Auf Reisen ist Fertigfutter die einfachste Futterlösung. Es ist nicht teurer als selbstzubereitetes Futter. Gegen Fertigfutter gibt es eigentlich nur einen Einwand: Artgemäßerweise frißt der Hund Rohes, nicht aber Gekochtes.

Dosenfutter enthält reichlich Eiweiß. Das Etikett muß genau gelesen werden: „Vollnahrung" enthält bereits pflanzliche Futtermittel und ist futterfertig. Zu „Fleischnahrung" müssen noch Flocken, Reis oder Gemüse zugemischt werden. Als vermeintlicher Nachteil werden vielfach die großen Kotmengen nach Verfütterung von Dosenfutter empfunden. Sie sind Folge des Rohfaseranteils und der damit verbundenen guten Darmfüllung. Geschwächte kranke Hunde reagieren bei plötzlicher Umstellung auf Dosenfutter gelegentlich mit Durchfall.

Fertigfuttermischungen aus Trockenfleisch und Nährmitteln werden mit warmem Wasser oder Brühe dickbreiig angerührt – eine unproblematische Futterzubereitung.

Trockenfutter in Keks- oder Ringform und Hundekuchen enthalten fünfmal weniger Wasser als normal feuchtes Futter. In einem Extranapf muß daher unbedingt Wasser angeboten werden. 200 g Trockenfutter haben etwa den gleichen Nährwert wie eine 850-g-Dose Vollnahrung oder 400 g Fleisch und 125 g Flocken. Zusätzliche „Lekkerlis" sind Dickmacher!

Fertigfutter ist meist nach dem Bedarf erwachsener Hunde zusammengestellt. Junghunde erhalten daher als Eiweißzulage zusätzlich Fleisch oder Milcherzeugnisse oder aber gleich ein spezielles Welpen- oder Junior-Fertigfutter.

Eigener Herd …

Schwieriger ist es, seinen Hund mit selbstzubereitetem Futter zu ernähren.

Fleisch ist die Futtergrundlage, Rinderpansen, Herz, Fleisch- und Leberabschnitte oder Nieren sind ein fast vollwertiger Ersatz für das teurere Muskelfleisch. Weniger geeignet sind Lunge oder Euter. „Grüner" Pansen enthält vorverdaute Pflanzenteile und Vitamine. Er ist deshalb ernährungsphysiologisch wertvoll, aber leicht verderblich. Weniger „duftend" und haltbarer ist der gereinigte und gebrühte „weiße" Pansen. Rohe Leber und rohe Milz haben eine abführende Wirkung und dürfen daher – je nach Kotbeschaffenheit – nur in Kleinstmengen zugegeben werden. Geflügelinnereien und Schweinefleisch sollten stets gekocht werden. Sie könnten sonst Durchfall verursachen oder die gefürchtete Aujeszkysche Krankheit übertragen. Die Fleischgrundlage sollte stets aus verschiedenen Bestandteilen bestehen. Bei einseitiger Zusammensetzung, zum Beispiel ausschließlich Pansen, können Eiweißbausteine fehlen, die der Hund braucht.

Andere Eiweißquellen können das Futter vervollständigen. Hunde mit gesunder Leber und Niere dürfen gelegentlich unverdorbenen Fisch, frei von harten Gräten, fressen. Junghunde bis zum sechsten Monat können täglich eine mit Milch hergestellte Mahlzeit erhalten. Bei älteren Junghunden muß Kuhmilch verdünnt werden. Erwachsene Hunde erhalten – wie in der Natur – keine Milch. Sie können den Milchzucker nicht verdauen. Der Darminhalt wird dadurch zu weich. Hauterkrankungen können die Folge sein. Besser als Kuhmilch sind Welpenmilch-Präparate, die auch von älteren Hunden vertragen werden. Auch rohes Eiklar kann der Hund nicht richtig verdauen. Rohes Eigelb ist dagegen vor allem für junge und kranke Hunde gesund und bekömmlich. Gekochte und gebratene Eier verträgt jeder Hund. Viele Hunde mögen auch Magerquark – eine wertvolle Ergänzung hochwertigen Eiweißes – besonders für Junghunde. Käse ist entgegen Vorurteilen nicht schädlich. Käserinden, Wurstpellen, Geräuchertes und Gewürztes gehören aber nicht in den Hundenapf.

Einkaufsmöglichkeiten für Futterfleisch bieten Hundefutterhandlungen und Fleischereien sowie Zoogeschäfte und Supermärkte. Frisches Futterfleisch ist leicht verderblich und sollte auch bei Kühlung nicht länger als zwei Tage aufbewahrt werden, gekochtes hält sich ein bis zwei Tage länger. In der Gefriertruhe kann man Fleisch etwa drei Monate aufbewahren, zweckmäßigerweise in dicht schließenden Kunststoffbeuteln portionsweise verpackt.

Die Zubereitung des Futters erfordert nur geringen Aufwand. Da der Hund sein Futter nicht kaut, sondern schlingt, wird das Fleisch in maulgerechte Happen geschnitten, aber nicht wie Hackfleisch zerkleinert. Viele Hundefutterhändler nehmen dem Käufer diese Arbeit ab. Das frische oder aufgetaute Fleisch wird mit heißem Wasser angebrüht. So bleibt es innen roh, wird aber leicht erwärmt. Eiskaltes Futter ist Gift für den Hundemagen.

Als pflanzliche Ergänzung können gekochte Haferflocken, Graupen oder Reis zugegeben werden. Einfacher geht es mit „Hundeflocken", einem Gemisch getoasteter und daher verdaulicher Getreideerzeugnisse mit ausreichendem Rohfasergehalt. Zwei Maß Flocken werden einem Maß Fleisch mit warmem Wasser zugemischt. Das Futter soll dickbreiig, nie suppig sein. Junghunde erhalten Flocken und Fleisch zu gleichen Raumteilen. Von Fall zu Fall sollen die Flocken ganz oder teilweise durch Gemüse ersetzt werden, das mit einer Gabel zerdrückt wird. Es schadet nichts, wenn Essenreste leicht gesalzen sind. Der Hund braucht Kochsalz für eine einwandfreie Nierentätigkeit. Hülsenfrüchte und Kohl gehören allerdings nicht ins Hundefutter. Sie sind schwer verdaulich und verursachen Blähungen.

Rohkost, insbesondere fein zerkleinerte Möhren und Äpfel, sind eine sättigende und vitaminreiche Futterergänzung. Auch gehackte Petersilie oder Kresse und frische Obst- und Gemüsesäfte können das Vitaminangebot vervollständigen.

Zur Versorgung mit ungesättigten Fettsäuren – wichtig zum Beispiel für Haut und Haar – kann dem Futter einmal wöchentlich ein halber Teelöffel Pflanzenöl zugesetzt werden. Auch eine Scheibe Brot mit Pflanzenmargarine ist eine vorzügliche Ergänzung, insbesondere gut durchgebackenes

Roggenbrot. Brot soll aber nie eingeweicht werden.

Für den Junghund ist eine ausreichende Vitamin-D-Versorgung zur Verhütung der Knochenweiche (Rachitis) besonders wichtig. Überdosierungen sind aber schädlich. Anstelle des Lebertrans sollten daher genau dosierbare Vitamin-D-Präparate nach tierärztlicher Verordnung gegeben werden. Bierhefe – Bestandteil vieler Hundeflocken – enthält auch B-Vitamine. Für den jungen Hund ist die Zufütterung von „Futterkalk" für Wachstum und Knochenbau unerläßlich. Aber auch der erwachsene Hund braucht eine Mineralstoffergänzung, weil selbstzubereitetes Futter nicht alle Stoffe in ausreichender Menge enthält. Speziell für den Bedarf des Hundes zusammengestellte Mittel sind besser und billiger als Kalktabletten für Menschen.

Knochen enthalten Mineralstoffe, sind aber schwer verdaulich und können hartnäckige Verstopfungen verursachen. Ihr Wert liegt vor allem in der Gebißpflege und der „Gymnastik" für die Kaumuskulatur. In Maßen können daher Hunde mit gesunden Zähnen Kalbs- oder Rinderknochen erhalten. Hundekuchen oder Kauknochen aus Büffelhaut erfüllen allerdings den gleichen Zweck. Ältere Tiere mit Verdauungsproblemen oder Zahnkrankheiten müssen auf Knochen verzichten. Harte Röhrenknochen, vor allem von Geflügel, können splittern

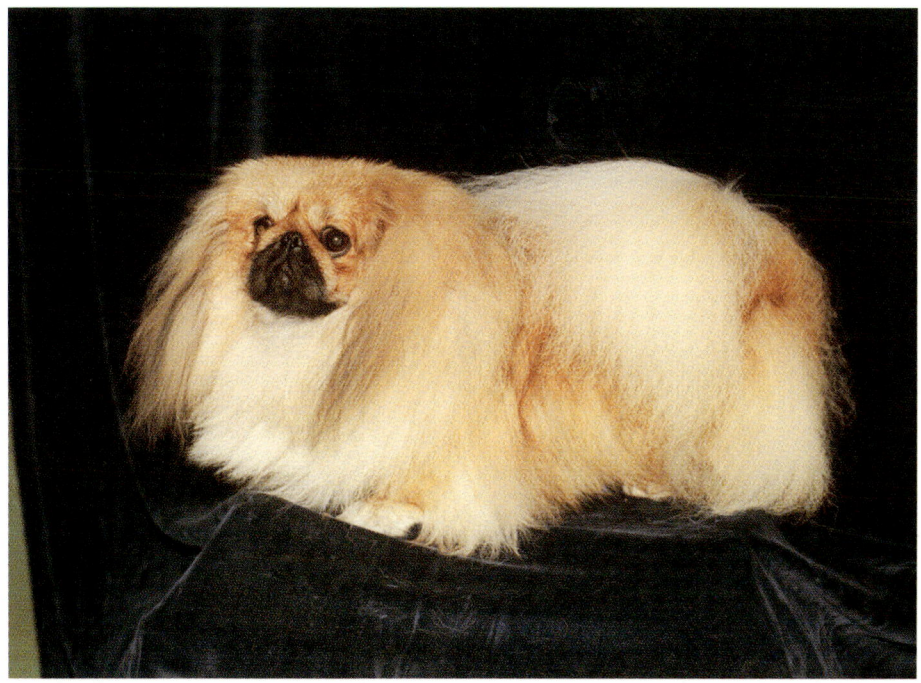

Mi-Lei-Fo Cedric hat bereits mehrere Championate, darunter den Internationalen Championtitel, errungen

und Darmverletzungen verursachen. Kotelettknochen können in der Speiseröhre steckenbleiben. Sie gehören in den Mülleimer.

Fastentage müssen wildlebende Fleischfresser oft einlegen. Für Hunde mit Übergewicht ist ein Fastentag in der Woche ein probates Mittel zum Abnehmen. An den übrigen Tagen darf er sich einmal täglich sattfressen. Die fettarme Fleischgrundlage wird allerdings mit nährstoffarmer Lunge gestreckt, und statt Flocken gibt es Weizenkleie und Rohkost. Einfacher, aber teurer ist Diät-Fertigfutter.

Wasser, immer frisch und sauber, nie eiskalt, muß dem Hund ständig zur Verfügung stehen. Ein gesunder Hund trinkt zwar bei normal feuchtem Futter kaum, muß aber doch bei Hitze, nach Anstrengungen oder zu bestimmtem Futter seinen Durst löschen können. Ständig stark vermehrter Durst ohne erkennbaren Grund ist ein Krankheitszeichen.

Mehrfacher Champion-Sieger Clark Son of Lin-Pearl

Patentrezepte

Fragt man zehn Hundeexperten, erhält man sicher wenigstens neun „bewährte, für diese Rasse einzig richtige" Ernährungsanleitungen, von denen acht völlig richtig sind.

Trotz aller Erfahrung und wissenschaftlicher Akribie gibt es gottlob viele Möglichkeiten, seinen Hund artgemäß und ausreichend zu ernähren. Man muß nur die angeführten Ernährungsregeln mit etwas Verständnis beachten – sei es mit Fertigfutter, sei es mit einem eigenen, auf Haushalt, Hund und Geldbeutel abgestellten Spezialrezept, sei es auch mit beidem.

Gesundheit

Vorbeugen ist besser als Heilen

Artgerechte Haltung, Pflege und Ernährung sind Voraussetzungen für die Gesundheit. Das seelische Wohlbefinden des Hundes ist so wichtig wie das körperliche. Der gesunde Hund nimmt aufmerksam und lebhaft Anteil an seiner Umgebung. Er ist kräftig und ausdauernd. In der Ruhe atmet er 10- bis 20mal, das Herz schlägt 70- bis 100mal in der Minute. Die Körpertemperatur liegt um 38,5 °C. Gesundheit ist nicht nur „Freisein von Krankheiten", sie schließt auch Widerstandskraft gegen Infektionen ein.

Das Haarkleid schützt nicht nur gegen Wind und Wetter. Glattes, glänzendes Haar ist auch Zeichen von Gesundheit.

Stumpfes Haar, ständiger Haarausfall und starker Geruch deuten auf innere Erkrankungen hin. Die Haut soll frei von Schuppen und Rötungen sein, kein Juckreiz soll den Hund plagen.

Flöhe, Läuse und Haarlinge kann auch der gepflegteste Hund von einer Hundebegegnung mitbringen. Bei Juckreiz werden als erstes die Haut auf Flohstiche – bis zu linsengroße, geschwollene Rötungen – und das Fell auf Parasitenkot – kleine schwarze Pünktchen – abgesucht. Lieblingssitze der ungebetenen Gäste sind die Innenflächen der Hinterbeine, die „Achselhöhlen" und die Ohrmuscheln. Bei leichtem Befall genügt ein Flohpuder oder -spray. Wirksamer sind Waschlösungen, die das Fell bis auf die Haut benetzen, oder verschreibungspflichtige Mittel, die auf die Haut getropft werden und bis zu vier Wochen wirken. Das Ablecken solcher Mittel muß aber unbedingt verhindert werden. „Anti-Floh-Halsbänder" geben bis zu vier Monate gas- oder puderförmige Wirkstoffe ab. Bei einigen Halsbändern können allerdings Giftgaskonzentrationen auftreten, die für den einen oder anderen Hund bedenklich sind. Manche Halsbänder verlieren zudem durch Nässe an Wirksamkeit. Bei Flohbefall muß immer das Lager des Hundes mitbehandelt werden. Moderne Spezialmittel töten dabei nicht nur „erwachsene" Flöhe, sondern stoppen auch die weitere Entwicklung der Flohlarven. Hundedecken werden am besten ausgekocht, Teppiche regelmäßig gesaugt.

Zecken lassen sich aus dem Gebüsch auf den Hund fallen, beißen sich in der Haut fest und saugen sich mit Blut voll. Sie sehen dann wie prallgefüllte graubraune bis zu kirschkerngroße Säckchen aus. Je länger sie saugen, desto größer ist in bestimmten verseuchten Gegenden die Gefahr, daß eine für Hunde gefährliche Infektionskrankheit, die Borreliose, übertragen wird. Deshalb sollten Zecken so rasch wie möglich entfernt werden. Sie dürfen aber nicht einfach ausgerissen werden, weil dabei die Beißwerkzeuge in der Haut steckenbleiben und Entzündungen verursachen können. Am besten erfaßt man die Zecke mit einer Spezialpinzette und hebelt sie drehend aus der Haut heraus. Man kann sie aber auch mit Alkohol, „Desinsektspray" oder in Öl eingehüllt betäuben und dann herausdrehen, sofern sie nicht innerhalb einer halben Stunde abgefallen ist. Inzwischen gibt es, allerdings nur beim Tierarzt, ein Anti-Zecken- und -Flohhalsband, das den Befall mit Zecken weitgehend und das Blutsaugen sicher verhindert.

Die Ohren sollten alle vier Wochen gereinigt werden. Mit Wattestäbchen kann man das Trommelfell zwar kaum verletzen, das Ohrenschmalz aber in der Tiefe zusammenstopfen. Besser ist ein alkoholischer Ohrreiniger, der randvoll ins Ohr eingegossen und bei zugedrückter Ohrmuschel durchmassiert wird. Das gelöste Ohrenschmalz kann der Hund dann selbst ausschütteln, vorzugsweise im Freien. Dunkle, übelriechende Beläge im Ohr zeigen eine Entzündung an. Meist wird der Hund sich dann auch am Ohr oder – scheinbar – am Halsband kratzen und den Kopf schütteln. Ursache des „Ohrenzwanges" können Ohrenmilben, Grasgrannen oder andere Fremdkörper sowie Bakterien und Pilze sein. Wenn zwei- bis dreimalige gründliche Reinigung mit dem Ohrreiniger keine Besserung bringt, ist eine gezielte Behandlung erforderlich.

Die Augen werden mit einem Stückchen Mullbinde oder einem Taschentuch, einfacher und hygienisch sicherer mit speziellen Augenreinigungstüchern vom Tierarzt, vom „Schlaf" gereinigt. Fusseln von Watte oder Papiertaschentüchern reizen die Schleimhäute. Bindehautentzündungen können auch durch Zugluft, Staub oder starke Sonne verursacht werden. Besonders anfällig sind Hunde, deren Augenlider am Augapfel nicht eng anliegen. Zur Linderung werden Augentropfen in den heruntergezogenen Bindehautsack geträufelt. Borwasser wird heute nicht mehr verwendet, weil feine Kristalle als Fremdkörper wirken können. Länger andauernder wäßriger, schleimiger oder eitriger Augenausfluß sollte nicht mit Hausmitteln kuriert werden. Es könnte eine Infektion vorliegen. Wucherungen auf der Rückseite der Nickhaut müssen meist operativ behandelt werden.

Die Zähne werden durch Hundekuchen oder Knochen ausreichend gereinigt. Auch die Tortur des Zähne-

Wunderschön präsentierte Pekingesen mit der Autorin

putzens kann Zahnstein nicht verhindern. Zur Entfernung weicher Beläge eignet sich am ehesten ein Wattebausch, getränkt mit dreiprozentiger Wasserstoffsuperoxydlösung. Zahnstein ist ein fest anhaftender brauner Belag aus verhärteten Salzen. Fauliger Mundgeruch durch Zahnfleischentzündungen und -vereiterungen sowie Zahnausfall sind die Folgen. Zahnstein sollte frühzeitig fachkundig entfernt werden. Lose Zähne müssen gezogen werden. Da der Hund keine Beute jagen, festhalten oder zerreißen muß, kann er auf schmerzende Zähne gut verzichten. Nach Entfernung der Eiterherde wird er sich auch allgemein wohler fühlen, denn sie können den Körper vergiften und zum Beispiel chronische Herzklappenentzündungen auslösen. Auch Milchhakenzähne, die beim Zahnwechsel nicht ausfallen, müssen gezogen werden. Sie können zu Stellungsfehlern im bleibenden Gebiß führen. **Die Analbeutel** sollen eigentlich bei jedem Kotabsatz eine individuelle Duftmarke zur Revierkennzeichnung hinterlassen. Infolge der Domestikation funktioniert die Entleerung häufig nicht richtig. Sekretstauungen sind die Folge. Den Juckreiz versucht der Hund vergeblich durch Rutschen auf dem After zu beseitigen. Dieses „Schlittenfahren" ist entgegen landläufiger Vermutung fast nie auf Wurmbefall zurückzuführen. Stark gefüllte Analbeutel müssen fachkundig ausgedrückt, vereiterte müssen tierärztlich behandelt werden.

Die Krallen werden bei regelmäßiger Bewegung auf festem Untergrund ausreichend abgelaufen. Nur bei krankhaftem Hornwachstum oder Stellungsfehlern müssen sie geschnitten werden. Dabei soll die in der Kralle verlaufende Ader nicht verletzt werden. „Wolfskrallen", Überbleibsel der an sich verkümmerten fünften Zehe an den Hinterläufen, können bei Verletzungen stark bluten. Sie sollten vorsorglich amputiert werden. Das geschieht üblicherweise schon bei neugeborenen Welpen.

Erste Hilfe tut not

Hautverletzungen müssen genau inspiziert werden. Oberflächliche Abschürfungen und Schrunden können mit Hausmitteln behandelt werden. Auf jeden Fall werden im Bereich der Verletzungen die Haare mit einer gebogenen Schere kurz abgeschnitten. Sie verkleben sonst mit dem Wundsekret; Vereiterung ist die Folge.

Die Wunde wird mit Wundgel, -spray oder -tinktur behandelt. Fetthaltige Salben behindern den heilungsfördernden Luftzutritt, Puder verkrustet.

Bei tieferen Wunden mit Durchtrennung der Haut sollte umgehend ein Tierarzt hinzugezogen werden. Bei Beißereien und Stacheldrahtverletzungen wird die Haut oft vom Körper losgerissen, so daß tiefe Taschen entstehen. Haare und Schmutz in der Tiefe der Wunden müssen so weit wie möglich entfernt werden. Von Fall zu Fall ist zu prüfen, ob eine „offene Wundbehandlung" oder eine Naht besser ist. Nur frische Wunden können mit Aussicht auf komplikationslose Heilung genäht werden.

Eine offene, aus der Tiefe nässende oder eiternde Wunde darf der Hund belecken. In allen anderen Fällen wird die Wundheilung behindert, weil die zarten Heilungszellen am Wundrand gestört werden. Das Belecken von Wunden und das Abreißen von Verbänden können durch einen Halskragen verhindert werden. Aus einem passenden Plastikeimer wird der Boden herausgeschnitten. Die Schnittkanten werden abgepolstert, an vier Stellen durchlöchert und mit Bindfäden versehen, die am Lederhalsband festgebunden werden. Einfacher, aber teurer sind fertige Halskragen vom Tierarzt.

Wundstarrkrampf ist beim Hund selten. Impfungen sind daher nicht üblich. Zur Vorbeuge sollen Wunden

Pekingesenrüde mit schön getragener Rute

ausbluten und nicht luftdicht abgedeckt werden. Wenn größere Adern verletzt sind, kommt es zu andauernden starken Blutungen. Häufig tritt Blut im Strahl aus. Dann muß zur Ersten Hilfe ein Druckverband angelegt werden. An ungünstigen Körperstellen wie am Kopf kann auch von Hand eine Kompresse aufgedrückt werden. Gliedmaßen können abgebunden werden, die Abbindung muß aber viertelstündlich kurz gelöst werden. In solchen Fällen ist stets umgehend tierärztliche Hilfe erforderlich. **Unfälle** können auch zu inneren Verletzungen und Gehirnerschütterungen führen. Bei Bewußtseinstrübungen soll nie Flüssigkeit eingeflößt werden. Die Maulschleimhaut kann aber mit Kaffee, Tee oder auch einfach mit Wasser befeuchtet werden. Der Hund wird seitlich mit tiefliegendem Kopf und herausgezogener Zunge auf einer Decke gelagert und vorsichtig getragen. Am Unfallort sind meistens die Diagnose und vor allem eine wirksame Schockbehandlung erschwert. Telefonisch sollte zur Vermeidung unnötiger Wege und Zeiten ein dienstbereiter Tierarzt verständigt und umgehend aufgesucht werden.

Lahmheiten können viele Ursachen

Mi-Lei-Fo Fortunes Light – wirklich auf einem Präsentierplatz

haben. Als erstes wird die Pfote untersucht. Dornen oder Splitter werden ausgezogen. Verfilzte Haare drücken zwischen den Ballen wie ein Stein im Schuh; sie werden daher vorsichtig ausgeschnitten. Wunde Stellen werden wie Hautverletzungen behandelt. Im Winter müssen Streusalzreste von den Pfoten abgewaschen werden. Bei Krallenbettentzündungen können warme Kamillen- oder Seifenbäder Linderung bringen.

Lose Krallenteile werden an der Bruchstelle beherzt abgeschnitten. In vielen Fällen ist ein Verband erforderlich. Er muß fachkundig angelegt

werden, um Druckstellen zu vermeiden.

Bei Schwellungen, Prellungen und Verstauchungen kann das Fell des betroffenen Körperteils mehrmals täglich mit kaltem Wasser durchnäßt werden. Das wirkt wie ein Kühlverband, lindert den Schmerz und hemmt – frühzeitig angewendet – weitere Schwellungen. Wenn ein Bein überhaupt nicht belastet wird, besteht Verdacht auf Knochenbruch.

Bei stark abnormer Beweglichkeit kann die Gliedmaße durch eine Notschiene ruhiggestellt werden. Ein feuchtes Tuch, zwei ausreichend lange

80

Stöcke und Binden oder Leukoplast genügen fürs erste. Die benachbarten Gelenke müssen mit fixiert werden.

Andauernde, wiederkehrende oder sich verschlimmernde Bewegungsstörungen sind stets ein Fall für den Tierarzt. Wirbelsäulenerkrankungen mit gespanntem Gang, Schmerzen oder Lähmungen der Hinterbeine treten nicht nur bei Dackeln auf. Bei Junghunden können schmerzhafte Knochenauftreibungen oder Ablösungen des Ellenbogenhöckers zu Lahmheiten führen. Ältere Hunde leiden oft unter chronischen Gelenkentzündungen. Die Hüftgelenksdysplasie (HD) ist erblich veranlagt: Eine Abflachung der Gelenkpfanne begünstigt Arthrosen und Verrenkungen. Im Alter können auch die Rückenmarkshäute verknöchern. Dadurch werden die Nerven eingeklemmt. Zunehmende Nachhandschwäche bis hin zur Lähmung ist die Folge. Relativ oft wird das Humpeln auf einem Hinterbein durch eine Ausrenkung der Kniescheibe oder durch Riß von Bändern bedingt, die operativ fixiert werden müssen.

Vergiftungen sind meist „Unglücksfälle" und nur selten böse Absicht. Rattengift kann bei unsachgemäßem Auslegen direkt, aber auch mit vergifteten Nagetieren aufgenommen werden. Meist handelt es sich um Cumarinpräparate, die zu inneren Blutungen führen. Vorsicht ist auch bei Schädlings- und Unkrautbekämpfungs- sowie bei Frostschutzmitteln geboten. Hochgiftige Thallium-, Zinkphosphid- und Arsenzubereitungen, Blausäure und Strychnin sind heute gottlob kaum noch erhältlich. Die besten Überlebenschancen bestehen, wenn man „nach frischer Tat" das Gift wieder aus dem Magen herausbefördern kann. Der Tierarzt kann Erbrechen durch eine Spritze auslösen, der Laie durch Eingeben von zwei bis drei Teelöffeln Salz. Nach dem Erbrechen kann eine Aufschwemmung von etwa zehn Kohlekompretten eingeflößt werden. Milch wird nicht gegeben, weil verschiedene Gifte fettlöslich sind. Etwa vorhandene Hinweise auf die Art des Giftes ermöglichen eine rechtzeitige, gezielte tierärztliche Behandlung. Ungewisser sind die Aussichten, wenn Vergiftungsfolgen wie Krämpfe, Mattigkeit oder Brechdurchfall schon eingetreten sind, die Ursache aber nur vermutet werden kann. Eine genaue Diagnose ist oft erst durch Spätschäden wie Blutungen oder Haarausfall möglich. Dann kann es für eine Rettung bereits zu spät sein.

Durchfall ohne Fieber bessert sich häufig nach einem Fastentag: Der Hund erhält ausschließlich stark verdünnten Tee mit einer Prise Salz, aber ohne Zucker. Zur Geschmacksverbesserung ist Süßstoff erlaubt. Zusätzlich ist es nie verkehrt, eine Aufschwemmung von Kohlekompretten einzugeben. Keinesfalls darf Durchfall mit Wasserentzug „behandelt" werden;

der Körper würde zu stark austrocknen. Am zweiten Tag erhält der Hund in kleinen Portionen ein Diätfutter, zum Beispiel Beefsteakhack, Schmelzflocken und rohen, geriebenen Apfel. Am dritten Tag muß der Kot zumindest wieder dickbreiig sein.

Verstopfungen lassen sich oft durch rohe Leber oder Milz oder einige Teelöffel süßer Dosenmilch beheben. Bei krampfhaft vergeblichem Drängen kann ein Mikroklistier Erfolg bringen. Bei einer Verhärtung von Knochenteilen im Enddarm hilft allerdings meist nur ein fachgerechter Einlauf.

Erbrechen ist keine selbständige Krankheit. Einmaliges Erbrechen kann durch zu hastiges Fressen, zu kaltes Futter oder Aufnahme von Fremdkörpern ausgelöst werden. Gelegentliches Erbrechen ist beim Hund ohne große Bedeutung. Um zu erbrechen, frißt der Hund häufig Gras. Geschieht dies regelmäßig oder wird ständig das Futter erbrochen, muß ein Tierarzt hinzugezogen werden. Auch Durchfall und Erbrechen mit Fieber sind kein Fall für Hausmittel.

Scheinschwangerschaft tritt bei manchen Hündinnen etwa acht Wochen nach der Läufigkeit auf. Sie sind unruhig, „bemuttern" irgendwelche Gegenstände, fressen schlecht und erbrechen gelegentlich. Das Gesäuge schwillt, Milch bildet sich. Abhilfe schafft häufig wenig Fressen und Trinken bei viel Bewegung und Beschäftigung. Das Gesäuge kann mehrmals

täglich mit kaltem Wasser befeuchtet werden, um Schwellung und Milchproduktion zu hemmen. Keineswegs soll die Milch ausgedrückt werden. Damit würde nur die weitere Milchbildung angeregt. Bei sehr starker Gesäugeschwellung und trotz Hausmitteln nicht nachlassenden Erscheinungen muß der Tierarzt verständigt werden.

Insektenstiche, vor allem durch das Schnappen nach Wespen und Bienen verursacht, können schnell zu erheblichen Schwellungen am Kopf oder, noch schlimmer, im Rachen führen. Äußerliche Kühlung mit Eiswürfeln und eine Tablette gegen Allergie ersparen oft nicht die möglichst rasche tierärztliche Behandlung.

Alarmzeichen

Fieber ist eine Abwehrreaktion des Körpers, meist auf Infektionen. Die Hundenase kann auch beim kranken Hund feucht und kühl sein. Die Temperatur muß mit einem Fieberthermometer bis zu fünf Minuten im Mastdarm gemessen werden. Sie darf nicht über 39°C liegen. Untertemperaturen unter 37,5°C entstehen infolge einer Reduzierung der Stoffwechselvorgänge häufig vor dem Tod.

Husten, als ob ein Knochen im Hals säße, tritt bei Mandelentzündungen auf. Ernstere Infektionen wie Zwingerhusten oder gar Staupe könnten dann vorliegen. Pumpende Atmung entsteht durch eine Lungenentzün-

Glückliche Pekingesen-Welpen

dung, aber auch durch Wasseransammlung in der Lunge, zum Beispiel infolge von Vergiftungen. Bei alten Hunden kann der damit verbundene Husten auch auf eine Herzschwäche zurückzuführen sein. Bauchpressen und Aufblasen der Backen sind Zeichen höchster Atemnot.

Schleimhäute im Auge und im Fang geben Hinweise auf innere Erkrankungen: Blässe deutet auf Blutarmut hin, Gelbfärbung auf Leberschäden mit Gelbsucht, Blutungen auf schwere Infektionen oder Vergiftungen, eine bläuliche Färbung tritt bei Herz- und Kreislaufschwäche ein.

Kot und Urin mit Blutbeimengungen lassen schwerwiegende krankhafte Veränderungen erkennen. Bei Blutun-

gen im Magen und in den vorderen Darmabschnitten kann der Stuhl durch das verdaute Blut pechschwarz aussehen. Nierenerkrankungen können auch mit erhöhtem Durst verbunden sein. Wenn Mattigkeit und Maulgeruch hinzukommen, ist meist bereits eine Harnvergiftung eingetreten. Harnsteine, Blasenriß oder Vergiftungen können dazu führen, daß überhaupt kein Urin mehr abgesetzt wird; dann besteht höchste Gefahr, Geschwülste, Prostatavergrößerungen und Mastdarmveränderungen erschweren den Kotabsatz. Verhärtete Knochenteile können den Enddarm völlig verstopfen. Erbrechen und zunehmende Mattigkeit bei fehlendem Kotabsatz sprechen für Darmver-

83

schluß oder einen Fremdkörper im Darm.

Speicheln wird im harmlosesten Fall durch Fremdkörper in der Maulhöhle oder durch lose Zähne verursacht, bedenklicher wäre eine E-605-Vergiftung oder Pseudowut, schlimmstenfalls ist an Tollwut zu denken.

Umfangsvermehrungen des Bauches bei sonst normalem Ernährungszustand oder zunehmende Abmagerung können durch Tumore oder Bauchhöhlenwasser hervorgerufen werden. Bei einer Gebärmuttervereiterung besteht gleichzeitig fast immer starker Durst, gelegentlich auch Scheidenausfluß. Eine plötzliche Aufblähung des Bauches mit Kolik und Kreislaufschwäche, bedingt durch eine Magendrehung, erfordert unverzügliche Operation.

Infektionen bedrohen die Gesundheit

Staupe und ansteckende Leberentzündung (Hepatitis) sind Viruskrankheiten, die für Junghunde besonders gefährlich sind, aber auch ältere Hunde befallen. Staupe beginnt mit einem häufig kaum merkbaren, kurzen Fieber, dem nach etwa acht Tagen eine schwere Lungenentzündung mit eitrigem Augen- und Nasenausfluß oder ein Durchfall folgt.

Eine besondere Verlaufsform ist mit einer Verhärtung der Ballen ver-

bunden. Nach scheinbarer Besserung treten nervöse Erscheinungen bis hin zu Krämpfen auf, die meistens zum Tod führen. Nach überstandener Staupe bleibt häufig ein nervöses Zukken der Kopfmuskeln, der „Staupetick", nach Erkrankungen im Junghundalter das „Staupegebiß" mit erheblichen Zahnschmelzdefekten zurück.

Die ansteckende Leberentzündung verläuft ähnlich, mit hohem Fieber, Apathie und Appetitlosigkeit. Hornhauttrübungen können bleibende Folgeschäden sein.

Stuttgarter Hundeseuche (Leptospirose) wird durch Bakterien verursacht und von Hund zu Hund übertragen. Sie beginnt häufig mit einer Schwäche in den Hinterbeinen, Geschwüre im Maul, Magen und Darm sind mit aasartig-faulem Maulgeruch und blutigem Durchfall verbunden.

Tollwut tritt bei Hunden nur noch selten auf. Die Seuche wird vor allem durch Füchse übertragen. Hinweisschilder warnen in gefährdeten Gebieten vor Tollwut. Die Krankheit ist besonders tückisch: Die typischen Wuterscheinungen wie heiseres Gebell, Wasserscheue, Unruhe und unmotivierte Beißwut fehlen häufig. Die „stille Wut" ist im Anfangsstadium schwer zu erkennen. Ein erkranktes Tier stirbt immer.

Parvovirose ist eine Viruskrankheit, die sich bei Hunden aller Altersgruppen in schweren durch Erbrechen und

Durchfall gekennzeichneten Erkrankungen äußert. Bei Welpen kann plötzlicher Herztod auftreten. Der Erreger ähnelt dem Katzenseuchevirus; eine wechselseitige Ansteckung zwischen Hund und Katze ist jedoch nicht möglich. Die Ansteckung erfolgt über Ausscheidungen von Hund zu Hund, aber auch durch Verschleppung angetrockneter Ausscheidungen, z. B. an Kleidungsstücken.

Impfungen schützen vor diesen Infektionskrankheiten

Welpen in gefährdeten Zuchten oder ungeimpfte Hunde mit verdächtigen Krankheitserscheinungen können mit einem Serum behandelt werden, das fertige spezifische Abwehrstoffe enthält. Diese „passive" Immunisie-

Englischer Champion Toydom Modesty Forbids

rung schützt aber nur für zwei bis drei Wochen. Der Käufer eines Hundes sollte den Impfpaß daraufhin genau prüfen.

Länger dauernden Schutz vermittelt nur die „aktive" Schutzimpfung. Dabei werden abgeschwächte oder abgetötete Infektionserreger eingeimpft. Der Körper reagiert darauf mit der Bildung eigener Abwehrstoffe. Bei den heute üblichen Kombinationsstoffen kennzeichnen die Buchstaben S, H, L, T und P die Wirksamkeit gegen die in Frage kommenden Seuchen. Welpen werden mit sechs bis acht Wochen das erste Mal geimpft und müssen dann nach Impfplan nachgeimpft werden. Bei älteren Hunden genügt eine ein- bis zweimalige Grundimmunisierung.

Der einmal gebildete Impfschutz baut sich im Laufe der Zeit ab. Kommt der Hund mit entsprechenden Seuchenerregern in Berührung, so wird die Antikörperbildung aufgefrischt. Ist der Impfschutz aber bereits zu stark abgesunken, kann der Hund erkranken. Deshalb sind Auffrischungsimpfungen im Abstand von ein bis zwei Jahren erforderlich.

Ein sicherer Impfschutz des Hundes ist auch für den Menschen wichtig. Erkrankte Hunde können Leptospiren übertragen, die beim Menschen das „Canicola-Fieber" oder die „Weilsche Krankheit" hervorrufen. Hundetollwut ist wegen des engen Kontaktes für Menschen viel gefährlicher als Wildtollwut. Geimpfte Hunde übertragen keine Tollwut. Nach Kontakt mit verdächtigem Wild brauchen sie deshalb auch nicht getötet zu werden, wie dies für ungeimpfte Hunde gesetzlich vorgeschrieben ist. Schließlich können sie auf Auslandsreisen mitgenommen werden.

Gegen andere Infektionen schützt Vorsicht

Toxoplasmose wird durch einzellige Schmarotzer hervorgerufen. Ihr Stammwirt ist die Katze. Bei anderen Tieren werden ansteckungsfähige Dauerformen gebildet. Hunde erkranken überwiegend durch infiziertes Schweinefleisch. Für die Ansteckung des Menschen wurden sie früher zu Unrecht verantwortlich gemacht.

Aujeszkysche Krankheit wird ebenfalls durch Schweinefleisch übertragen. Unstillbarer Juckreiz, Unruhe, Ängstlichkeit und Speichelfluß haben gewisse Ähnlichkeit mit Tollwut. Die Krankheit wird daher auch „Pseudowut" genannt. Schweinefleisch und in der Zusammensetzung unbekannte Fleischmischungen (zum Beispiel aus Supermärkten) müssen deshalb gut durchgekocht werden. Fertigfutter und Rindfleisch sind dagegen unbedenklich.

Zwingerhusten tritt vor allem in Tierheimen und Hundehandlungen auf. Unter begünstigenden Umständen lösen Viren und Bakterien gemeinsam Entzündungen von Luftröhre und Bronchien aus. Kennzeichnend ist ein kurzer, trockener Husten. Sekundärinfektionen können den Krankheitsverlauf verschlimmern. Einen gesunden Hund kauft man mit größerer Wahrscheinlichkeit beim Züchter. Während des Urlaubs sollte man seinen Hund nicht in unbekannte Heime oder Pensionen geben oder ihn vorsorglich auch gegen Zwingerhusten impfen lassen.

Wurmkuren gegen unerwünschte Kostgänger

Spulwürmer können bei Junghunden zu Verdauungs- und Entwicklungsstörungen, zu Vergiftungserscheinungen und sogar zum Tod führen. Fast alle Welpen werden im Mutterleib mit Spulwürmern infiziert. Die ersten Wurmkuren soll schon der Züchter durchführen. Junghunde werden vierteljährlich entwurmt. Ältere Hunde beherbergen nur noch einzelne Würmer. Sie richten zwar keinen großen Schaden an, sind aber eine ständige Infektionsquelle. Hündinnen sollten zumindest sechs Wochen nach jeder Läufigkeit, Rüden mindestens einmal jährlich entwurmt werden. Bei festgestelltem Wurmbefall ist eine sofortige Entwurmung mit einer Wiederholungsbehandlung nach zwei bis drei Wochen erforderlich. Rohe Möhren garantieren keine Wurmfreiheit. Wirksame und verträgliche Mittel sind verschreibungspflichtig. Sie wirken auch gegen andere Rundwurmarten, zum Beispiel gegen Hakenwürmer.

Spulwürmer sind auf ihre Wirts-

Pekingesen-Welpen – gerade acht Wochen alt

tierarten spezialisiert; wenn der Mensch Hundespulwurmeier aufnimmt, schlüpfen zwar Larven und beginnen ihre Wanderung im Körper, sie bleiben jedoch in Organen oder Muskeln stecken und können dort schmerzhafte Entzündungen verursachen. Besonders gefährdet sind „Krabbelkinder". Wurmkuren dienen daher auch dem Gesundheitsschutz der Familie. Auf Kinderspielplätzen haben Hunde nichts zu suchen.

Bandwürmer brauchen für ihre Entwicklung stets einen Zwischenwirt. Für den Hundebandwurm ist dies der Floh. Er nimmt die Wurmeier auf, aus denen sich eine Finne entwickelt. Der Hund „knackt" den Floh – die Finne wächst im Hundedarm zum fertigen Bandwurm aus. Mit dem Kot erscheinen nach geraumer Zeit einzelne kürbiskernförmige, anfangs noch bewegliche Bandwurmglieder oder ein längeres, deutlich gegliedertes Wurmende.

Es gibt heute neben speziellen Spulwurm- und Bandwurmmitteln auch Präparate, die gegen beide Parasitenformen wirksam und dabei gut verträglich sind. Empfehlenswert ist eine systematische vierteljährliche Wurmbehandlung des Hundes. Zur Bandwurmkur gehört stets eine Flohbehandlung von Hund und Lager.

Besonders bei Jagdhunden kann auch der „gesägte Bandwurm" auftreten, dessen Zwischenwirte Hasen und Kaninchen sind. Andere Bandwurmarten, die durch Fisch oder Wild, Rinder- oder Schafeingeweide übertragen werden, kommen seltener vor. Dazu zählt der „dreigliedrige Bandwurm", der auch dem Menschen gefährlich werden kann.

Der Hund sollte zur Vorbeuge keine rohen „Konfiskat"-Innereien erhalten und daran gehindert werden, Kadaver von Wildtieren anzufressen. Für Menschen besonders gefährlich ist der vor allem in einigen Gegenden Mittel- und Süddeutschlands verbreitete „Fuchsbandwurm", der auch durch Hunde übertragen werden kann. Neben regelmäßigen Bandwurmkuren ist es die beste Vorbeuge, den Hund in Wald und Flur anzuleinen.

Kleine Hausapotheke für den Hund

Zur Pflege und zur Ersten Hilfe sollten Instrumente und Medikamente bereitgehalten werden. Sie sind kindersicher, kühl und trocken aufzubewahren. Wenn unser Hund zu Reisekrankheit neigt, unter Rheuma leidet oder häufiger bestimmte andere Wehwehchen hat, werden die tierärztlich verordneten Medikamente vorrätig gehalten, um auf bewährte Weise rasch helfen zu können. Vitamin- und Mineralstoffpräparate werden dort aufbewahrt, wo sie gebraucht werden: in der „Futterküche".

Sungarth Kanga of Toydom mit den errungenen Pokalen

Zehn Tips für den Besuch beim Tierarzt

1 Nach Möglichkeit sollte der Hund in der Praxis des Tierarztes vorgestellt werden. Dort kann eine Erkrankung besser erkannt und behandelt werden.

2 Bei Verdacht auf ansteckende Krankheiten lassen Sie sich aber vom Tierarzt einen Sondertermin geben, oder bitten Sie ihn um einen Hausbesuch, um andere Hunde im Wartezimmer nicht anzustecken.

3 Mit einem unruhigen Hund wartet man besser im Auto, bis man an der Reihe ist.

4 Der Hund muß systematisch dazu erzogen werden, sich untersuchen zu lassen. Manipulationen an den Ohren, Öffnen des Fanges und Fiebermessen können geübt werden! Auf dem Untersuchungstisch muß der Hund beruhigt werden. Dazu müssen Sie selbst ruhig bleiben, erforderlichenfalls aber auch energisch werden.

5 Der Hund kann nicht sprechen. Daher müssen Sie Krankheitser-

scheinungen und -dauer genau schildern. Das erleichtert dem Tierarzt die Diagnose.

6 Bei Verdauungsstörungen ist die Beschaffenheit des Kotes genau zu beschreiben. Es ist nie verkehrt, eine Kotprobe, abgegangene Würmer oder Fremdkörper mitzunehmen.

7 Bei Verdacht auf innere Erkrankungen kann vorsorglich auch eine in einem sauberen Gefäß aufgefangene Harnprobe mitgenommen werden.

8 Bringen Sie auch den Impfpaß mit!

9 Notieren Sie die Behandlungsanweisungen; erfahrungsgemäß wird vieles durch die Aufregung nach dem Tierarztbesuch leicht vergessen oder verwechselt.

10 Denken Sie auch an den Stolz der Dame des Tierarzthauses: Verwehren Sie Ihrem Rüden das Beinheben an den Ziersträuchern im Vorgarten nach Verlassen der Praxis.

Gefahren für die menschliche Gesundheit?

Impfungen und Wurmkuren schränken Ansteckungsgefahren ein. Hygiene tut ein übriges: Selbstverständlich hat der Hund sein eigenes Lager und Futtergeschirr; beides ist peinlich sauber. Rasen und Wege werden von Hundekot freigehalten. Der Hund

wird so erzogen, daß er das Gesicht nicht ableckt. Das Belecken der Hände ist Ausdruck seiner Zuneigung. Man darf sie dulden, denn man kann sich die Hände anschließend waschen. Vorsichtige können Lager, Hütte und andere hygienegefährdete Stellen und Gegenstände regelmäßig desinfizieren. Die Mittel sollen gegen Viren, Bakterien und Pilze wirken. Zur Schnelldesinfektion eignet sich ein „Desinfektspray", der auch Ektoparasiten abtötet. Besonders angezeigt sind solche Maßnahmen, wenn der Hund eiternde Wunden, Ekzeme, Furunkel oder eine Vorhaut-, Zahnfleisch- oder Mandelentzündung hat. Diese Infektionen sind konsequent zu behandeln. Eitererreger können auch beim Menschen Komplikationen verursachen.

Vorsicht ist stets bei schlecht heilenden oder sich ausbreitenden Ekzemen geboten: Räudemilben sind zwar auf Tierarten „spezialisiert", können jedoch auch beim Menschen juckende Hautrötungen verursachen. Hautpilzinfektionen sind auf Menschen übertragbar. Daher sollte man umgehend eine Spezialuntersuchung und Behandlung veranlassen. Pilzinfektionen entstehen beim Menschen in der Regel nur, wenn sich die Erreger länger als 12 bis 24 Stunden auf der Haut einnisten können. Gründliches Waschen bannt die Gefahr.

Zusätzliche Sicherheit bietet ein Handdesinfektionsmittel, das nach

Internationaler Champion Suntoy Baby Trumps upp, eine Hündin in prächtigem Haarkleid

Berührung verdächtiger Stellen oder Ausscheidungen in die Hände eingerieben wird.

Allergien sind auch durch größte Sauberkeit nicht immer zu vermeiden. Einige Menschen reagieren bei Kontakt mit Tierhaaren und -hautteilen mit Ausschlägen oder Atembeschwerden. Katzen, Meerschweinchen und Vögel sind viel öfter als Hunde die Auslöser; viele andere pflanzliche und tierische Stoffe kommen hinzu. Die Allergieursache kann von einem Hautarzt durch Spezialtests auf der Haut ermittelt werden. Auf Verdacht braucht also kein Hund abgeschafft zu werden. Und vor der Anschaffung eines Pekingesen brauchen auch gesundheitsbewußte Hundefreunde nicht zurückzuschrecken.

Der alternde Pekingese

Die Lebenserwartung eines Hundes ist im Vergleich zum Menschen recht kurz. Der gesunde, gepflegte und umhegte Pekingese wird durchschnittlich 11 bis 13 Jahre alt. Ich habe aber auch Pekingesen gesehen, die 17 Jahre alt und äußerlich noch sehr attraktiv waren. Denken Sie immer daran, daß Sie ein ausgewähltes Futter verabreichen, keine Abfälle oder Küchenreste. Ich habe mit den Fertigprodukten der heutigen Hundenahrungsindustrie beste Erfahrungen gemacht. Selbst meine alten Hunde freuen sich beim Frühstück oder am Nachmittag über einen Hundekuchen oder eine Kaustange, wenn diese nicht zu hart sind.

Als erste Alterserscheinung bemerken wir ein Nachlassen der Bewegungsfreudigkeit und des Spieltriebes. Bei der Begegnung mit Artgenossen zeigt sich oft ein abweisendes

Champion Joinsville Daytime Lover – Top Toy 1988 in England

Verhalten, das sich später bei dem in seiner Ruhe gestörten Hund auf den Besitzer ausdehnen kann. Auf dieses Verhalten des alten Hundes muß der Besitzer mit Verständnis reagieren. Das Gebiß des Pekingesen muß mit zunehmendem Alter auf Zahnsteinbildung, abgebrochene, faulende oder lockere Zähne kontrolliert werden. Vor allem aber zeigen die Augen des Hundes das beginnende Greisenalter an: Sie werden zunächst glanzlos; früher oder später folgt die Linsentrübung, der sogenannte Altersstar. Die milchige Trübung der Linsen führt dazu, daß der Pekingese seine Umwelt nicht mehr deutlich sehen kann. Doch selbst bei völliger Erblindung findet er sich erstaunlich gut in der gewohnten Umgebung mit Hilfe seiner Nase zurecht. Auch das Gehör ist beim alten Pekingesen oft beeinträchtigt.

Das Ergrauen des Fanges sollte dagegen beim Pekingesen nicht als Alterserscheinung gewertet werden. Ich hatte Pekingesen, bei denen sich schon mit zwei Jahren erste graue Haare am Fang zeigten – wegen der schwarzen Maske.

Die in Fachbüchern erwähnte Altersbestimmung aufgrund des Abnutzungsgrades der Zähne ist für den Halter von Pekingesen sehr schwierig. Ich kenne Pekingesen, die ihre ersten Zähne mit zwei Jahren verloren, was auf den kurzen Fang zurückzuführen ist. Gute Erfahrungen habe ich mit dem Einträufeln von Vitamin-A-Tropfen in das Auge des alternden Pekingesen und mit Salbe gemacht. Die Mittel halten den Verlust der Sehkraft Ihres Hundes auf. Denken Sie stets daran, wie Sie mit einem alternden Menschen umgehen würden: Fordern Sie ihn, doch überfordern Sie ihn nicht. Bei guter Pflege wird Ihr Pekingese ein liebenswerter Partner bis ins hohe Alter sein.

Anschriften, die Sie kennen sollten

Bundesrepublik
Deutschland
Internationaler Club
für Japan-Chin,
Peking-Palasthunde
und King-Charles-Spaniel,
gegr. 1920, e.V.
Herbert Heß
Sulzbacher Str. 92
D-71543 Wüstenrot-Neulautern
Tel.: (0 71 94) 7 11

1. Deutscher Pekingesen
Club von 1987 e.V.
Ingrid Carstens
(1. Vorsitzende)
Bärenhäuterweg 18
D-22119 Hamburg
Tel.: (0 40) 6 53 17 00

Verband für das Deutsche
Hundewesen e.V. (VDH)
Westfalendamm 174
D-44141 Dortmund

Österreich
Österreichischer Zwerg-
hunde Klub
Helmut Nigl
Thurnergasse 27/13
A-1150 Wien

Schweiz
Schweizerischer Club für Peking-
Palasthunde
Präsident: Ch. Kupferschmidt
Leigrüppenstraße 46
CH-8932 Mettmenstetten

Belgien
Belgischer Specialclub für
Pekingesen, Japan-Chin,
Cavalier-King-Charles-
und King-Charles-Spaniel
August de Wilde
Vloeiende 80
B-2070 Ekeren

Fédération Cynologique
Internationale (F.C.I.)
12, Rue Léopold II
B-6530 Thuin

Literatur

BERGLER, R., 1986:
Mensch und Hund, Köln.

GEBHARD, H.:
Du armer Hund, Goldmann Verlag.

KLINKENBERG, T., 1983:
Hundeerziehung ohne Zwang,
Melsungen.

KÖNIG, K. F., 1973:
Haustierschaft, Rotenburg.

LORENZ, K.:
So kam der Mensch auf den Hund,
DTV.

PALMER, J., 1982:
Die schönsten Rassehunde in Farbe,
R. Müller, Köln.

RÄBER, H.:
Brevier neuzeitlicher Hundezucht,
Bern.

SCHEFFER, M., 1981:
Bachblütentherapie, Hugendubel,
München.

SCHNEIDER-LEYER, 1960:
Die Hunde der Welt, Müller,
Rüschlikon.

TRUMLER, E.:
Der schwierige Hund.

WOLFF, H. G., 1977:
Unsere Hunde – gesund durch
Homöopathie, Sonntag, Regensburg.

ZIMEN, E., 1978:
Der Wolf, München.

Weiterführende Literatur aus dem Verlag Paul Parey, Hamburg

BEYERSDORF, P., 1993:
Dein Hund auf Ausstellungen,
2. Auflage.

KOBER, U.; PEPER, W., 1995:
Pareys Hundebuch, 2. Auflage.

POORTVLIET, R., 1987:
Mein Hundebuch, 2. Auflage.

QUEDNAU, F., 1987:
Rechtskunde für Hundehalter.

WEIDT, H., 1993:
Der Hund, mit dem wir leben:
Verhalten und Wesen, 2. Auflage.